新媒体营销精华

精准定位＋爆款打造＋匠心运营＋内容变现

唐磊 著

新媒体从业者必备手册

10W+

▶ 十年互联网媒体从业者倾力撰写　▶ 拆解经典爆款案例看清底层逻辑

▶ 七大篇章由浅入深详解营销心法　▶ 新媒体营销精华与心得倾囊相授

中国水利水电出版社
www.waterpub.com.cn

·北京·

内 容 简 介

本书共分7章。第1章主要阐述新媒体营销概论，以统领全局的视角让读者对新媒体形成初步认知；第2章重点讲解新媒体营销定位，启发读者构建新媒体内容定位的思维；第3章主要讲解图文新媒体创作，从平台选择、选题、构思、行文、标题打造、文章排版和案例分析等角度让读者系统掌握图文新媒体内容的创作技巧；第4章主要讲解音频新媒体创作，从在线音频行业的发展历程、如何选择平台、如何抓住需求、录制音频技巧和案例分析等方面给读者详解音频新媒体内容的创作技巧；第5章主要讲解视频新媒体创作，从直播和短视频的发展历程、前景、平台选择、如何打造爆款视频和案例分析等方面给读者详解视频新媒体内容的创作技巧；第6章讲解新媒体运营技巧，主要是从思路概述、内容运营、用户运营、活动运营和运营工具箱等，让读者熟知新媒体运营的常见方法；第7章主要讲解新媒体内容变现，分别从广告变现、电商变现、知识变现、社群变现和IP变现详解新媒体主流变现渠道和需要注意的细节。

本书适合对新媒体创作、营销和运营感兴趣的读者阅读，也可作为各大院校的新媒体课程教学用书或企业培训用书。

图书在版编目（CIP）数据

新媒体营销精华：精准定位＋爆款打造＋匠心运营＋内容变现 / 唐磊著 . —北京：中国水利水电出版社，2020.11（2021.9重印）

ISBN 978-7-5170-8922-3

Ⅰ.①新… Ⅱ.①唐… Ⅲ.①网络营销 Ⅳ.①F713.365.2

中国版本图书馆 CIP 数据核字 (2020) 第 184220 号

书　名	新媒体营销精华：精准定位＋爆款打造＋匠心运营＋内容变现 XINMEITI YINGXIAO JINGHUA:JINGZHUN DINGWEI + BAOKUAN DAZAO + JIANGXIN YUNYING + NEIRONG BIANXIAN
作　者	唐磊　著
出版发行	中国水利水电出版社 （北京市海淀区玉渊潭南路1号D座　100038） 网址：http://www.waterpub.com.cn E-mail：zhiboshangshu@163.com 电话：（010）62572966-2205/2266/2201（营销中心）
经　售	北京科水图书销售中心（零售） 电话：（010）88383994、63202643、68545874 全国各地新华书店和相关出版物销售网点
排　版	北京智博尚书文化传媒有限公司
印　刷	河北鲁汇荣彩印刷有限公司
规　格	190mm×235mm　16开本　12.5印张　224千字
版　次	2020年11月第1版　2021年9月第2次印刷
印　数	5001—8000册
定　价	69.00元

凡购买我社图书，如有缺页、倒页、脱页的，本社营销中心负责调换

版权所有·侵权必究

前　言

在移动互联网的浪潮中，新媒体的崛起是一个势不可挡的大趋势。它相比于传统媒体，具有传播速度更快、互动性更强、受众更细分等优势。而传统企业以及传统营销从业者，都将面临由移动互联网加持的新媒体所带来的冲击与挑战。新媒体营销该怎么做？其精华是什么？本书将为你拨开云雾，带你认清新媒体营销的本源。

从内容表现形式来划分，新媒体有图文、音频和视频三大类。新媒体从业者需要结合自身优势来选择采用哪一种形式来创作新媒体内容。任何一种形式，做到极致都能最终实现新媒体内容的变现以及自我价值的实现。

以图文创作为主的新媒体公众号"Spenser"通过开设写作课，每次课程销售额可达上百万元之多；以音频创作为主的新媒体"罗辑思维"，在2017年就已实现利润过亿；以视频创作为主的新媒体"李子柒"，将美食短视频做的清新唯美、别具一格，现已名扬海外。

就个人总结，新媒体营销的精华不外乎"十六字真诀"：精准定位、爆款打造、匠心运营、内容变现。

精准定位，讲究的是在创作新媒体内容之前，创作者需要对将要打造的新媒体IP提前做好人格化的形象定位，以便于未来能真正走入粉丝心中。

爆款打造，讲究的是通过行之有效的创作方法让图文、音频和视频这些新媒体内容打造得更加专业化，贯彻"内容即营销"的核心理念，用爆款的标准来打造作品方可实现新媒体内容创作的品质提升。

匠心运营，讲究的是借助各种匠心策划的运营方案来实现让新媒体内容传播更加广泛化、自动化和高效化，走心的内容更需要匠心的运营来相辅相成方可将新媒体营销价值放大。

内容变现，讲究的是通过多渠道将新媒体内容实现最终的流量价值变现，不同阶段、不同量级的新媒体采用相应级别的内容变现模式，创作者需要了然于心。

在撰写本书的过程中，笔者力求结构清晰、叙述精练，并且由浅入深地给读者阐述新媒体营销的精华所在。通过阅读本书，读者能够快速地掌握新媒体营销的核心思想与关键方法。同时，建议读者朋友在阅读后多加实践与思考，这样方可从新媒体营销小白逐渐成长为新媒体营销高手。

笔者作为一枚爱好写作的理工生，个人在写作上更加注重思维逻辑和条理清晰。所以笔者的这本新媒体营销精华书，旨在给处在迷茫中的新媒体从业者更多切实有效的方法，比如创作思维上的启发、创作方法上的梳理以及运营变现上的点拨。交流邮箱：xinzhenkj@163.com。

本书读者对象包括：初入新媒体行业的新手；各类新媒体平台的营销策划与运营；各行各业专门从事宣传、推广和营销的人员；传统行业中想转型到新媒体行业的从业者；想借力新媒体实现营销推广的个人创业者或企业管理者等。

在写作本书的过程中，笔者得到了众多好友和同行的鼓励，在此由衷感谢。也感谢中国水利水电出版社的编辑全力支持。最后，感谢家人的理解和支持，让我能全身心地投入到这本书的创造中。谨以此书，献给自己的宝贝女儿唐悠然，希望她未来能健康快乐、悠然自得。

目 录

第1章　新媒体营销概论　1

1.1　认识新媒体　1
  1.1.1　新媒体的定义　1
  1.1.2　新媒体的六大特征　2
  1.1.3　新媒体与自媒体的区别　3
1.2　新媒体内容平台分类　4
1.3　新媒体营销的核心关键　5
  1.3.1　内容即营销　5
  1.3.2　新媒体营销的六大制胜秘籍　6
  1.3.3　新媒体营销的用户心理逻辑　7
1.4　新媒体营销的八个发展趋势　9
1.5　新媒体营销的商业价值　11
1.6　小　结　14

第2章　新媒体营销定位　15

2.1　营销的底层逻辑　15
2.2　新媒体定位五大常见问题　16

2.3 新媒体定位六步法　18

 2.3.1 第一步：用户定位　19

 2.3.2 第二步：价值定位　20

 2.3.3 第三步：人格定位　21

 2.3.4 第四步：场景定位　23

 2.3.5 第五步：作品定位　24

 2.3.6 第六步：迭代校准　25

2.4 新媒体定位九大领域的思维点拨　26

2.5 小　结　36

第3章　图文新媒体创作　37

3.1 概　述　37

3.2 十大图文新媒体平台如何选择　38

3.3 选题、构思和行文的奥秘　42

 3.3.1 如何选题　43

 3.3.2 如何构思　45

 3.3.3 如何行文　46

 3.3.4 如何修改　47

3.4 打造爆文标题的九大绝技　47

 3.4.1 前后缀标题　48

 3.4.2 数字式标题　49

 3.4.3 悬念式标题　49

 3.4.4 画面感标题　50

 3.4.5 口语化标题　50

 3.4.6 锦囊式标题　51

 3.4.7 哲理式标题　51

 3.4.8 颠覆式标题　51

 3.4.9 蹭热度标题　52

3.5 文章排版技巧　53

3.5.1 文字处理 53
3.5.2 图片处理 57

3.6 新媒体爆款案例拆解分析 61
3.6.1 案例拆解之"Spenser" 61
3.6.2 案例拆解之"越女事务所" 63
3.6.3 案例拆解之"十点读书" 66

3.7 小 结 68

第4章 音频新媒体创作 69

4.1 概 述 69
4.1.1 早期发展历程 69
4.1.2 在线音频行业进入成熟期 70

4.2 在线音频产业链与平台选择 72
4.2.1 在线音频产业链 72
4.2.2 在线音频平台如何选择 73

4.3 抓住需求玩转音频新媒体 81
4.3.1 抓准在线音频用户需求 81
4.3.2 七步玩转音频新媒体 83

4.4 录制音频节目的四个技巧 85

4.5 录制音频需要规避的六大硬伤 86

4.6 新媒体爆款案例拆解分析 87
4.6.1 案例拆解之"好好说话" 88
4.6.2 案例拆解之"罗辑思维" 90
4.6.3 案例拆解之"牛大宝" 91

4.7 小 结 94

第5章 视频新媒体创作 95

5.1 概 述 95

5.1.1　直播的发展历程与前景　95
　　　5.1.2　短视频发展历程与前景　97
　　　5.1.3　直播与短视频的区别与融合　99
　5.2　直播产业链与平台选择　100
　　　5.2.1　直播产业链解析　101
　　　5.2.2　八大直播平台对比分析　102
　5.3　做好一场直播的八大要点　109
　5.4　短视频产业链和平台选择　112
　　　5.4.1　短视频产业链解析　112
　　　5.4.2　八大短视频平台对比分析　114
　5.5　如何打造爆款短视频　124
　　　5.5.1　热门短视频观看需求排行　124
　　　5.5.2　爆款短视频的底层逻辑　125
　　　5.5.3　短视频创作六字真诀　129
　5.6　新媒体爆款案例拆解分析　136
　　　5.6.1　案例拆解之"李佳琦"　136
　　　5.6.2　案例拆解之"散打哥"　138
　　　5.6.3　案例拆解之"神仙小分队"　139
　　　5.6.4　案例拆解之"虎哥说车"　141
　5.7　小　结　144

第6章　新媒体运营技巧　145

　6.1　运营思路概述　145
　6.2　内容运营　147
　　　6.2.1　内容的创作和采集　147
　　　6.2.2　内容的管理和呈现　148
　　　6.2.3　内容的传播和扩散　150
　　　6.2.4　内容的评估和优化　152
　6.3　用户运营　153

6.3.1 引流涨粉七大技巧 154
6.3.2 揭秘私域流量 156
6.3.3 优质社群的构成 158
6.3.4 社群运营实战方案 160

6.4 活动运营 161
6.4.1 活动运营的完整流程 161
6.4.2 如何做好活动策划 163
6.4.3 案例拆解之"4小时逃离北上广" 164
6.4.4 案例拆解之"粉丝聚会活动" 166

6.5 运营工具箱 167
6.5.1 软件工具：资深运营的瑞士军刀 168
6.5.2 资料素材：按需用材，手到擒来 170

6.6 小 结 171

第7章 新媒体内容变现 173

7.1 概 述 173
7.2 广告变现 174
7.2.1 哪些类型适合广告变现 174
7.2.2 接广告的常见方法 175
7.2.3 广告变现需要注意的细节 176

7.3 电商变现 176
7.3.1 媒体与零售将会趋于融合 176
7.3.2 电商带货变现的主要模式 178
7.3.3 电商变现需要注意的细节 180

7.4 知识变现 181
7.4.1 知识付费的兴起原因和价值 181
7.4.2 知识付费的五大类型 182
7.4.3 知识变现需要注意的细节 183

7.5 社群变现 184

　　　　7.5.1　社群变现的主要类型　184
　　　　7.5.2　社群变现需要注意的细节　185
　7.6　IP变现　185
　　　　7.6.1　IP变现的四种方式　185
　　　　7.6.2　IP变现需要注意的细节　188
　7.7　小　结　189

第1章　新媒体营销概论

新媒体营销是指利用新媒体平台进行营销的一种营销方式。传统营销追求的是覆盖率、发行量和访问量。而新媒体营销则更加注重媒体内容是否优质以及用户的参与感和互动性。在移动互联网的浪潮之下，出现了诸如微博、微信、今日头条、喜马拉雅、快手和抖音等诸多新媒体内容平台。在这些新媒体内容平台上，发布者可以快速发布媒体内容信息，平台可以智能地分析并推送内容给用户，用户也可以与发布者在线互动，反馈信息。通过这种方式，传统媒体内容的单向流动方式就发生了改变，变为双向互动。由此可见，新媒体营销可以带给用户更好的参与感、信任感和互动娱乐性。所以，打造优质的内容，是你迈向新媒体营销至关重要的一步。

1.1　认识新媒体

新媒体，很显然是相对传统媒体而言的，它泛指所有数字化的媒体形式。具体而言，新媒体是继报刊、广播和电视等传统媒体以后发展起来的新媒体形态，包含网络媒体、手机媒体和数字电视等。

1.1.1　新媒体的定义

谈及新媒体，其实大部分人对它的认知是比较模糊和片面的。先来看看业界是怎么定义新媒体的：

- （新媒体是）所有人对所有人的传播。

美国《连线》杂志

- （新媒体是）以数字技术为基础，以网络为载体进行信息传播的媒介。

联合国教育、科学及文化组织

- （新媒体是）以数字信息技术为基础，以互动传播为特点，具有创新形态的媒体。

新传媒产业联盟秘书长王斌

新媒体其实是一个宽泛且相对的概念。它是一种建立在数字网络技术上的"互动式数字化复合媒体"，包括微博、微信、直播平台、电子杂志和移动数字电视等，相对于报纸、杂志、广播和电视等传统媒体以外的新兴数字化媒体形态。简言之，<u>新媒体是由新数字技术支撑的新型传播媒介</u>。

1.1.2　新媒体的六大特征

将一种新的传播媒体普及到5000万用户，需要多长时间？据统计，收音机用了38年，电视机用了13年，互联网用了4年，微博用了14个月，微信只用了10个月。由此可见，新媒体的发展速度极其迅猛。

新媒体能在短时间内迅速吸引大量的用户，同时打破了媒介间的壁垒、消融了传播者和接受者之间的边界，并使"人人都是新闻传播者"成为现实，其中必定有新媒体异于传统媒体的"过人之处"。具体来讲，新媒体具有以下特征：

1.信息发布实时化，传播速度更快

与广播、电视等传统媒体相比，基于新一代数字化网络技术的新媒体具备随时随地、实时化快速发布的优势。同时，信息接收者同样不受制于时间和地点，可以实时快速接收信息。

2.传播方式双向化，互动性更强

传统媒体信息传播的方式是单向、线性、不可选择的，表现为特定的时间内由信息的发布者向受众发布信息，受众被动接受信息，缺少对信息的反馈。这种静态的传播使得信息流畅性弱，传播效果不佳。而新媒体的传播方式是双向的，每个受众既是信息的接受者，也是信息的传播者，故而互动性强，传播效果更好。

3.传播状态去中心化，受众更细分

在新媒体的传播状态下，信息是以多点对多点的方式传播，人人都可以接收信息，人人也

都可以充当信息发布者。这就打破了只有新闻机构才能发布新闻的局限,充分满足了信息消费者的细分需求。与传统媒体的"主导受众型"不同,新媒体是"受众主导型"。受众有更广泛的选择,可以自由阅读,可以放大信息。

4. 传播渠道多样化,个性化突出

不同于传统媒体的传播渠道,新媒体凭借多渠道(微博、微信和抖音等)的传播方式使每个人都能成为信息的发布者,个性化地表达自己的观点,传播信息、内容、形式都可以自己掌控。同时,信息的受众更加细分,个人可以定制自己所需的信息内容,这样就使信息的接收更加主动和个性化。

5. 传播内容多元化,表现形式多样

从传统媒介到新媒体,传播内容也呈现出了多元化和融合化。传统纸质媒体通过平面展示文字和图片信息。如今,借助新媒体形式的传播内容同时包含文字、图片和声音等于一身的信息已成为可能,新媒体有效提升了信息承载力和信息广度。数字化存储信息内容也使新媒体在信息检索方面非常方便。

6. 内容创作原创化,创新性更强

新媒体之所以称为新,不仅体现在其传播形式上,还体现在内容创作方面。通过传统媒体传播信息,由于制作成本颇高、中间环节颇长,所以近些年传统媒体内容质量下滑较为严重,通稿多和转载多是传统媒体存在的一大顽疾。新媒体不仅激发了大众"人人都是自媒体"的创作激情,而且新媒体内容平台在推荐和奖励机制上更加大力扶持原创作者。所以我们看到优秀的新媒体创作者基本都是内容原创大咖,他们大多具备很强的内容创新能力。

1.1.3 新媒体与自媒体的区别

新媒体与自媒体,仅一字之差,两者有何区别?

新媒体,英文名为 New Media,是传播媒介方面的一个专有术语。新媒体是一种新型数字化网络媒体传播媒介,可以理解为一种信息载体和传播渠道。企业或个人都可以运用新媒体来进行营销宣传,故而新媒体的范畴更广泛一些。

自媒体,英文名为 We Media,又称为"个人媒体"或"公民媒体"。自媒体是指普通大众通过网络等途径向外发布他们个人自身相关的事实和新闻的传播方式。自媒体更偏向于个人营销，也属于网络媒体传播的一个渠道，只是偏向于个人，所以新媒体的范畴包含了自媒体。

新媒体和自媒体两者相辅相成，没有新媒体的发展和技术支持，自媒体是无法诞生的；而没有自媒体的内容创作和价值传播，新媒体也无法得到迅猛的发展。

1.2　新媒体内容平台分类

随着互联网的快速发展，新媒体内容平台层出不穷，出现了很多种类型，包括视频平台、音频平台、直播平台、社交平台、问答平台、自媒体平台等。下面列举一些主流的新媒体内容平台：

①自媒体类平台

百家号、头条号（今日头条）、搜狐号、凤凰号、大鱼号、网易号、企鹅号（腾讯内容开放平台）、一点号、简书、垂直媒体专栏和电商达人平台等。

②社交类平台

微信、微博、QQ、百度贴吧、豆瓣、小红书和虎扑社区等。

③问答类平台

百度知道、知乎、悟空问答、腾讯问问、天涯问答、360问答和爱问等。

④音频类平台

喜马拉雅FM、荔枝FM、企鹅FM、蜻蜓FM、得到App、懒人听书和氧气听书等。

⑤视频类平台

短视频平台：抖音、快手、腾讯微视、西瓜视频、火山小视频、全民小视频、美拍和秒拍等。

直播平台：斗鱼直播、虎牙直播、映客、花椒直播、熊猫直播和一直播等。

虽然新媒体内容平台众多，但其实单从内容的表现形式来分类，即可化繁为简，归纳出三大类：图文新媒体平台、音频新媒体平台和视频新媒体平台，如图1-1所示。

图文新媒体平台是以静态文字与图片为主要呈现形式的内容平台，具有用户量大、易搜索和适合做"走心营销"的特点。它需要创作者具备很强的写作能力，并依靠走心的文案或精美的图片来俘获读者的芳心。

音频新媒体平台是通过声音去传递内容信息给听众的内容平台，具有伴随式和多场景使用的特点。它需要创作者拥有一定的朗读功底，并依靠天籁之音为听众讲述一段耐人寻味的故事或者有关人生成长的道理。

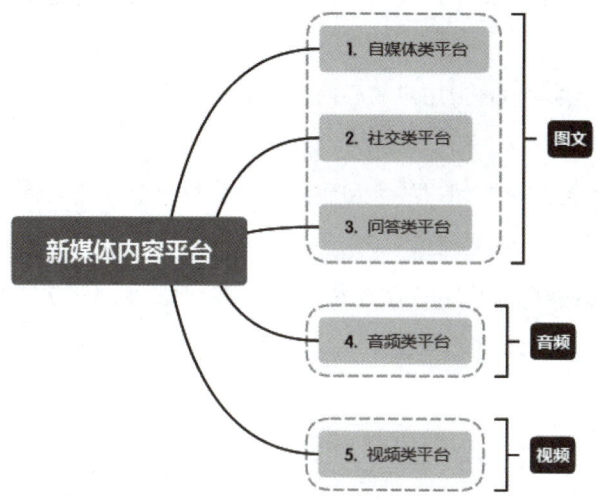

图1-1　新媒体内容平台分类

视频新媒体平台是以动态影音的方式来呈现给观众的内容平台，具有直观性、及时互动和代入感强的特点，且适合用来做"走肾营销"（因情绪被刺激后分泌肾上腺素，故称"走肾营销"。）它需要创作者不仅会说而且会演，对综合能力的要求较高。

1.3　新媒体营销的核心关键

1.3.1　内容即营销

做新媒体营销的本质其实是在做内容营销。发布者需要生产优质的内容来吸引潜在的目标用户，再通过运营转化，最终实现商业变现。所以，新媒体营销的前提条件是发布者必须先拥有优质的内容。

什么是内容营销？内容营销是一种通过生产对目标用户有价值的免费内容，以此来实现商业转化的营销过程。其实在现如今这样一个"内容即营销"的时代，内容和营销之间的边界已经渐渐模糊了。而高明的营销方式也正是这种润物细无声般的软性广告植入方式——用户在阅读、倾听和观看新媒体内容的同时，也不知不觉地看了软广告。

优秀的内容营销往往有以下三个主要特点：

（1）共生长。优秀的内容营销不再是强行插入，而是让广告从内容里生长出来，内容和广告是共生关系。

（2）擅走心。好的内容营销直击用户的心门，从而使用户产生共鸣并获得用户的信任，它代表的是"你懂我"。

（3）讲故事。即讲产品故事、用户故事和研发过程的故事等，故事就是最具生命力和传播力的优质内容。

综上，优质的内容为新媒体营销的后续运营转化和商业变现奠定了坚实的基础，坚持"内容为王"，方可让新媒体营销之路越走越远。

1.3.2　新媒体营销的六大制胜秘籍

为何别人的公众号总是能出"10万+"阅读量的文章？为何别人的短视频可以引爆潮流并成功实现跟风模仿？下面就来为大家详细解密新媒体营销的六大制胜秘籍。

1. 精心雕琢的文案

文案的打造是新媒体内容创作最为基础且重要的环节，因为只有走心的文案方可让用户对你的内容产生大脑印象。杜蕾斯文案一向被视为神作，寥寥数句即可将当下的时事热点和杜蕾斯的产品天衣无缝地巧妙结合起来。自媒体大号"虎哥说车"发布的短视频为何让人看得如此津津有味？仔细看过的朋友会发现，虎哥对每辆车的描述文案，很显然是经过精心打磨的。所以，精雕细琢的文案更能让用户很轻松地记住。

2. 耳目一新的创意

新媒体要凸显焕然一新，那么就需要在创意上多做文章。网红Papi酱当年以一个大龄女青年的形象出现在公众面前，凭借其张扬的个性，毒舌吐槽时弊。Papi酱所讲述的话题大多是老调重弹，她未必向这个世界输送了新的论调，只不过把老调弹成了新曲。她依靠的就是颇具创意的表演：夸张的表情、被改变的声音和著名的"点赞手"等。

3. 直击人心的情感

善于洞察人心和恰到好处地激发用户内心情感的共鸣，往往是打造爆款新媒体内容的不二法门。新媒体创作者如果能非常清楚地定位目标受众的所思所想，那么在打造内容时就更容易创作出直击用户内心深处的优质作品。知名情感导师涂磊老师为何能对每一位上台的嘉宾透彻入里地分析其情感问题？更多的在于他能很准确地判断分析出当事人的内心状况。

4.风格鲜明的人设

人设，即人物设定的简称。我们之所以要打造风格鲜明的人设，是因为只有这样才能让用户更好、更方便地记住你。只有当用户记住你时，才表明你的人设已经成功进入了用户的内心。大家可以想一想，赵本山老师的徒弟赵四抽嘴角的动作是不是让人记忆深刻？这其实是赵本山老师刻意给他设计的标志性动作，目的就在于能让观众快速记住和识别他的徒弟赵四。

5.实力宠粉的互动

如果没有互动，新媒体就成了一个封闭的、自我的媒体。与粉丝的互动可以很简单，也可以很复杂。比如，经常回复粉丝的留言，及时就问题与粉丝进行私信沟通交流等。复杂一点的互动，可能就是互赠礼物和线下聚会等重运营方式。

6.坚持不懈的更新

新媒体大号（即粉丝数量大的账户）都有一个显著的特征，就是他们坚持不懈地更新、输出新内容。对于这些新媒体大号的粉丝而言，查阅每日更新的内容可能已经成为习惯。如果一个新媒体号"三天打鱼，两天晒网"似的更新内容，粉丝对其就会形成不好的印象，取关是迟早的事。

1.3.3 新媒体营销的用户心理逻辑

整个营销体系的根基其实是心理学，所以只要掌握了心理学这个武功心法，再去学习和运营就会融会贯通。

人有最基本的四种情绪：高兴、悲伤、愤怒和害怕。我们要去说服一个人，只需要把焦点放在如何去影响对方的情绪即可。当用户被一件事影响得情绪波动，从而产生感觉，用户就会自然地采取下意识的行动。

人和人之间的对话，本质上是两个大脑在对话。大脑最外面一层掌管理性，称为理性脑；大脑中间一层掌管情绪,称为情绪脑(或情感脑);大脑最里面一层掌管本能,称为本能脑(或鳄鱼脑、爬行脑),如图1-2所示。

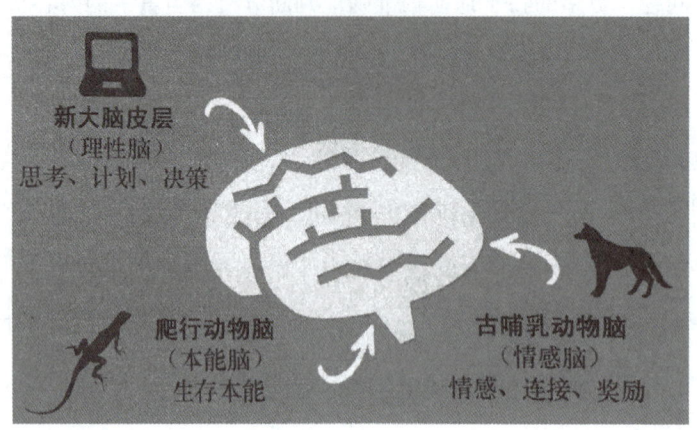

图1-2　三脑理论图

人的底层欲望是受基因影响的,其最本能的欲望来自本能脑。所以如果你想去说服一个人,就尽量避免跟他的理性脑沟通,因为这样太费时间;应尽可能跟他的情绪脑和本能脑去沟通,这样更容易达到目的。

人类普遍存在四个致命弱点:贪婪、懒惰、炫耀和恐惧。当我们深入理解这些弱点,并将其运用到新媒体营销中时,就可以在不经意间打造出爆款内容并达到非常不错的营销效果。比如:

贪婪的人喜欢以少换多,以小博大;自己的东西牢牢握住,别人的东西能拿就拿。运用"贪婪"这一人性弱点做营销的例子也很多,比如一些大行其道的"21天速成""免费赠送资料"和"免费学习试听"等文案。在新媒体运营中,一些诸如"分享返利""拼团打折"和"集赞得免费门票"等活动都是基于"贪婪"这一人性的弱点来设计策划的。

懒惰的人对于需要耗费体力、脑力的活动,是多为抵触和规避的。为什么对于那些带有数字标题的新媒体内容,用户更有点击阅读它的欲望呢?因为数字看起来简洁、直观,不用过多地思考。这同样符合懒惰这一用户心理,大家更喜欢直接上干货。

喜欢炫耀的人乐于在人前把自己最完美的一面呈现出来,甚至宁愿伪造一个更完美的自己。想一想为什么那些深度文章容易被用户转载,那些代表有趣、美好和高大上的短视频会被用户积极分享在朋友圈?其中的逻辑就在于分享者在向朋友暗示或炫耀自己的人设很高雅,跟所分享的文章或视频所展现的三观是一致的。

恐惧的人对一切威胁自身或下一代生命的东西都会非常抗拒，对影响自己前途发展的事而感到焦虑不安。为何这些年罗振宇和王耳朵先生这些自媒体大V所输出的内容会如此受追捧？因为大多数粉丝焦虑于知识不够用，恐惧和害怕被时代所淘汰。所以从恐惧这一人性的弱点来看，上述大V会受追捧就很好理解了。

综上，做新媒体营销时，我们需要多多去迎合用户的底层心理需求，只有当我们思考得更加深入，我们的新媒体营销才会做得更加得心应手。

1.4 新媒体营销的八个发展趋势

新媒体在最近几年发展非常迅猛，不仅有垂直领域大咖输出内容的PGC（Professionally—generated Content，指专业生产内容）和职业化的内容创作者OGC（Occupationally—generated Content，指职业生产内容），也有普通大众用户输出内容的UGC（User—generated Content，指用户生产内容），还有Multi—Channel Network这种集群化的内容输出机构（见图1-3）。新媒体让更多人有了属于自己的小目标，你会发现周边有很多朋友在申请账号，并通过创作发表来打造自己的理想王国。

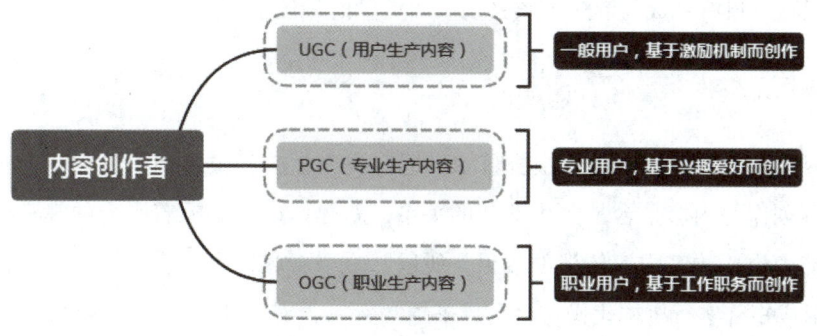

图1-3 内容创作者主体分类图

在新媒体的时代浪潮下，其发展最终是靠自身实力说话的。目睹了这几年野蛮生长的新媒体，我们也看到很多人开始偶尔停更或直接放弃。大浪淘沙，最终剩下的都是真正能领悟新媒体本质和看懂新媒体发展趋势的人。

在此，笔者在经过深度思考分析之后，将未来新媒体营销的发展趋势总结如下：

1. 优质内容会越来越稀缺，坚持内容为王依旧是王道

每一个热点话题都可能激活数以万计的内容创作出来，但只有极少数内容会对热点话题进行深度分析，而其余大多数只是胡乱拼凑的标题党。无用的信息在媒体上泛滥，这样只会让用户更加反感。接下来，新媒体去粗存精的速度还会加快，优质原创内容跟不上的新媒体就会成为首先被淘汰的对象。

2. 输出有个性化、生活化和真实有趣的内容会更受追捧

在这样一个人人都可以是自媒体的时代，每个人都可以将自己生活中的点点滴滴创作成新媒体内容发布出去。越是生活化的内容，越能反映每个人真实的一面，当下的Vlog短视频个人博客的火爆正好预示了这个趋势的正确性。

3. 文字类内容流量下降，音视频类内容流量上升

对于当下的公众号运营者来说，很多公众号的点击率和阅读量都在持续下降，粉丝量增加更是难上加难。如果没有热点话题，且标题还很平庸，点击率只会惨不忍睹。而相比于文字类内容，表现力更强的音视频类内容可以让用户快速便捷和简单高效地接收信息内容，制作精良、有创意的音视频节目将会成为继爆款图文后吸引流量的最佳手段。

4. 新媒体运营将趋向于多平台矩阵化

据企鹅智库发布的新媒体趋势报告显示，近六成以上的新媒体创作者入驻了四个以上的内容平台。内容创作与内容平台是共生共荣的关系，新媒体内容影响着平台的规模与影响力，而平台的分发能力也影响着内容传播的效果。所以，一个新媒体号在多个平台发布内容，以及多个新媒体号形成矩阵实行机构化操作将会越来越常见。

5. 社群是构建私域流量和增强用户黏性的标配利器

当打造出优质的新媒体内容后，我们的新媒体号会不断地被新粉丝关注，但仅仅有关注还是不够的。我们需要借助微信社群、QQ社群等社群工具来将铁杆粉丝汇聚起来，这样非常便于后续做与新媒体营销以及粉丝互动相关的工作。而最近大火的"私域流量"概念，其实就和社群有很大的关系，因为社群就是将公域流量的用户转化为私域流量的一个绝佳工具。

6. 线上线下联动融合会越来越强

线上适合引流，线下适合做重运营来变现。新媒体创作者如果单纯只有线上内容发布和互动，则会显得很单薄而难以和用户建立强关系，因为线上只是建立了一个弱关系而已。俗话说，从群众中来，到群众中去。新媒体也一样，要从线上走向线下，再从线下走到线上，线上线下融合将是未来新媒体营销的一大趋势。

7. 5G助推视频行业发展，短视频将成为未来新媒体营销主流

随着5G行业的进一步发展，直播行业和短视频行业或将迎来新的发展良机。在新媒体营销方面，视频展示直观全面，即时性、交互性强的特点与企业营销的目的更加契合。同时，在对大数据以及人工智能技术的进一步应用下，视频类营销将实现更高的精准性及互动性，可以有效提供营销效果。未来，短视频营销有望进一步得到企业青睐，成为新媒体营销的主流方式。

8. 新媒体将成为未来营销活动主阵地，用户接受度逐渐提高

与传统媒体相比，新媒体双向传播的特点使用户之间的互动性更强，便于及时得到效果反馈；在利用新媒体平台进行营销活动时，有助于建立品牌与用户之间的情感联系，有效刺激用户的购买欲望，所达到的营销效果也更易于评估。同时，新媒体用户对新媒体营销的态度更加宽容。随着新媒体的普及和新媒体案例的增多，用户对新媒体营销的接受度逐渐提升。

1.5　新媒体营销的商业价值

在分析新媒体营销的商业价值之前，先来看一下2019年的新媒体用户规模、广告投放形式变化以及各行业投放增长情况如何。

据全球知名第三方数据挖掘和分析机构艾媒咨询《2019中国新媒体营销价值专题报告》，2019年移动社交用户规模预计达到7.8亿，同时，短视频和在线直播用户也均保持较快的增长势头（见图1-4），这为新媒体营销提供了较好的流量基础。互联网时代有"得用户者得天下"的金科玉律，当我们拥有了庞大的用户量作为基础时，再做商业价值变现将是水到渠成的事。

报告还显示，新媒体用户群体以中青年为主流用户，年龄在26～40岁的用户比例超过七成。同时，娱乐、社交和资讯获取为新媒体平台的最主要用途，占比分别达到57.8%、53.1%和51.8%。

2019年中国新媒体用户规模稳定增长

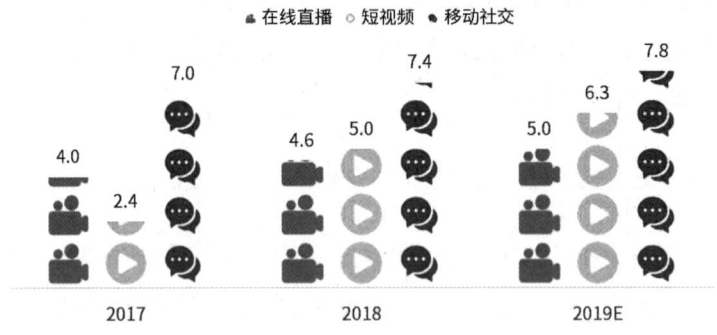

图1-4　2017～2019年中国新媒体用户规模及预测（单位：亿）（来自：艾媒咨询）

从报告中的2018～2019年全行业新媒体营销广告形式投放占比分布图来看，目前新媒体营销大多数仍然以图文为主。不过随着这两年直播和短视频内容的强势崛起，以视频形式投放广告的占比明显呈上升趋势，2019年较2018年投入占比上升了7%，图文广告占比呈显著下降趋势，2019年较上年下降6%（见图1-5）。

图文形式仍是新媒体营销广告主要方式

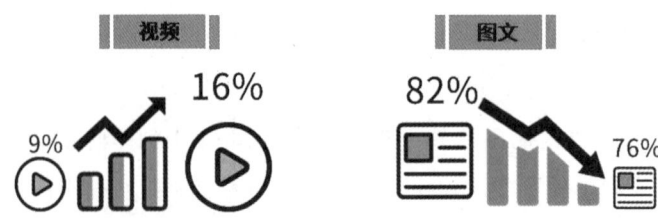

图1-5　2018～2019年全行业新媒体营销广告形式投放占比分布（来自：艾媒咨询）

从报告中的2019年各行业新媒体营销广告投放增长情况来看，耐用消费品占据了投放增长排名的榜首，以下排行依次为：金融保险、文化娱乐、汽车和3C数码。快速消费品占据了投放量排行的榜首，排行依次为：网服电商、文化娱乐、3C数码和汽车。值得一提的是，快消品行业的视频营销投放比例从2018年的43.5%增长至94.0%，增长趋势异常迅猛。美妆网红达人李佳琦用视频直播方式带货的口红正是快消品。

> 快消品行业新媒体营销广告投放量居首位

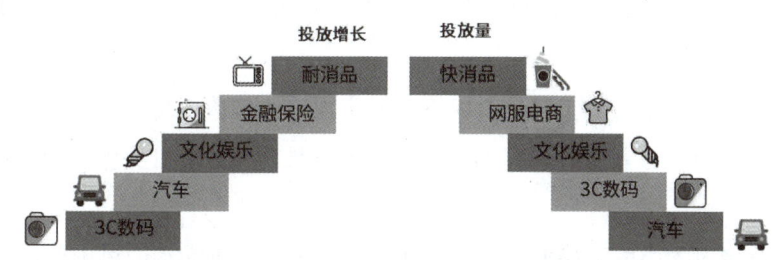

图1-6　2019年各行业新媒体营销广告投放增长TOP5&投放量TOP5（来自：艾媒咨询）

新媒体营销的商业价值不仅体现在广告投放这一方面，新媒体的商业化盈利模式还有很多，下面举两个例子：

知识付费。当我们的新媒体内容逐步在一个细分领域获得众多粉丝认可时，就可以采用提供收费咨询服务或者出售知识专栏等知识付费的方式实现商业变现。

电商带货。当新媒体内容的粉丝积累到一定量时：其一，可以通过分销的方式来推广电商平台上的返佣商品来实现电商带货；其二，创作者也可以对自己的电商货品进行推广销售，借助粉丝的信任，实现一波快速成交。

在本书第7章，笔者会详细总结有关新媒体商业变现的主流方式以供各位读者详细阅读和研究。建议各位新媒体创作者根据自己的兴趣，找到符合自己的内容定位，提升用户体验，扩大个人影响力，从而找到最适合自己的新媒体商业价值变现之路。

1.6 小结

通过阅读本章内容，我们对新媒体有了一个全面的认知。你需要了解的是：新媒体是由新数字技术支撑的新型传播媒介。

同时，笔者还为新媒体内容平台做了一个相对容易记忆的分类：图文新媒体、音频新媒体和视频新媒体。

关于新媒体营销的核心关键，请首先记住"内容即营销"这一核心理念。掌握好新媒体营销的制胜秘籍和研究透彻用户的底层心理，将会使你在新媒体营销之路越走越顺，打造出爆款新媒体内容指日可待。

不可与趋势为敌，顺势而为方可成就一番事业。新媒体营销的发展趋势需要你提前认知站位。

日益倍增的新媒体海量用户，就是新媒体营销实现商业价值变现的基础和信心保证。作为新媒体创作者，需要首先在新媒体内容创作和运营上下足功夫，方可为以后的商业变现之路奠定坚实的基石。

为便于各位读者对本书的全局框架有一个快速的了解，本书大纲的思维导图如图1-7所示，供大家参考。

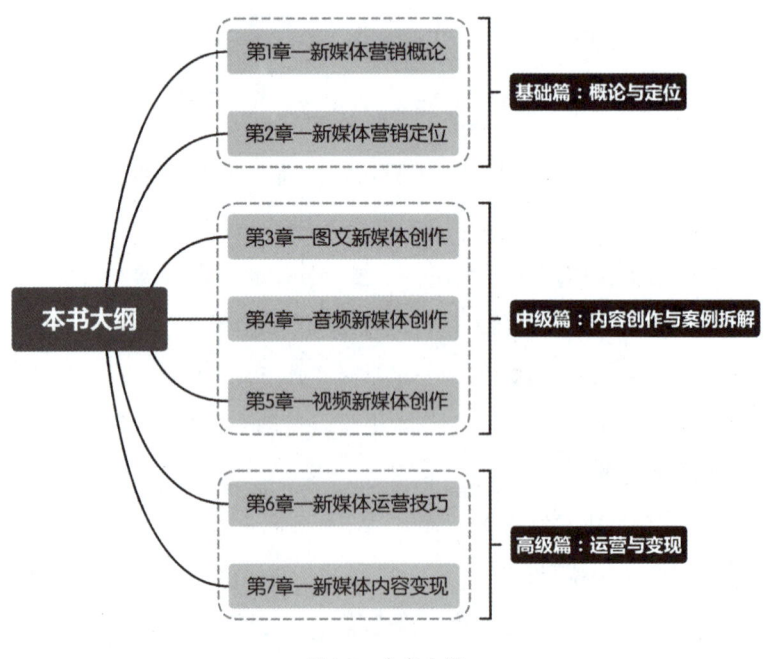

图1-7 本书大纲

第2章　新媒体营销定位

人生要有人生定位，做新媒体同样也需要内容定位。当今社会各行各业的竞争大多都趋于白热化，所以越是竞争激烈的地方，就越是需要有人们能记住的特色，而准确地定位可以使自己要传达的信息更简单准确地被人记住。这就是我们要做新媒体营销定位的原因之所在。

2.1　营销的底层逻辑

内容即营销，我们做新媒体内容的本质是在做营销范畴之内的事。

那么，就营销而言，其底层逻辑到底是什么？

营销的底层逻辑是围绕"需求"展开的，你要么满足消费者需求，要么唤醒消费者需求。如一般瓶装水满足消费者解渴、方便的需求，而瓶装水品牌"雅客长白甘泉"则唤醒消费者喝"早晨第一杯水"的需求。

所以，营销的本质就是研究如何通过满足用户的需求，来达到自己的目的。洞察用户需求是营销的第一直觉。了解什么是消费者的真正需求，才是这个时代营销的制胜关键。

那么，在具体的营销过程中，如何准确洞察消费者需求，并强化消费者的需求呢？首先，我们来借助"李叫兽（本名李靖）"的"需求三角"（见图2-1）模型来了解需求产生的原因。

其一，缺乏感。其实就是指用户痛点，也指用户的理想与现实之差。

其二，目标物。这是填补缺乏感的解决方案，是推动消费者决策的具体行动目标。目标物和缺乏感之间需要互相匹配，才能形成动机。

其三，能力。当用户产生动机之后就只剩下行动能力了，如果用户采取行动的成本过高而超出自身需求时，那么就会放弃行动。

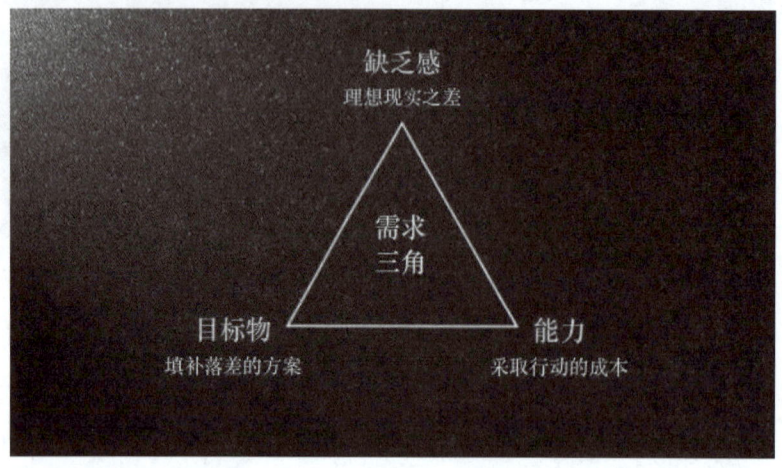

图 2-1　需求三角模型

"需求三角"模型所表示的意思是：所有需求的构成必须满足缺乏感、目标物和能力这三要素，缺少其中任何一个角，最终需求都无法形成。营销的失败，最终往往都是因为需求三角没有构建完成所致。

2.2　新媒体定位五大常见问题

新媒体通过内容来实现营销，无论是做图文还是做音视频内容，都需要去思考如何定位才能更容易占据用户的心智。因为定位精准的新媒体内容，方可更好地筛选、获取到更垂直细分的粉丝群，从而最终达到占领该细分领域的用户心智的目的。所以定位对于每一个想做新媒体内容营销的从业者而言是至关重要的。

而在新媒体营销内容定位这方面，新手常常会遇到很多常见的问题，同时也会存在很多疑惑。这些问题和疑惑罗列如下：

1. 取名犹豫不决，太过追求完美

有些人可能为了一个取名的问题就得想大半年，这类新手大多追求完美，期望能取一个响亮的名字来实现一炮走红。但是他们忘记了最为核心的其实是新媒体的内容创作，没有内容，再好的名字可能都是浮云。

大家其实可能发现，现在一些新媒体大号的名称中途变更过。例如，"越女事务所"最开始叫"越女读财"。还有一些大号，其名称读起来还挺拗口，但这并不影响它未来做新媒体营销，其实最关键之处在于它有优质的内容在支撑。用户最关注的是内容本身，而不是名字。

2.方向飘忽不定，太过急功近利

有些人一看别人做自媒体赚到了钱，所以容易盲目跟风，自己也开一个自媒体来尝试新媒体内容创作。他们往往很少去深度分析自己的核心竞争力，大多上一秒意志坚定，下一秒就动摇不定，在新媒体内容创作的方向上容易飘忽不定：哪个细分领域热门、哪个方向好赚钱就会选择哪个，当真正做的时候又发现自己所选的方向要么已经有了几个爆红的大V，珠玉在前难以超越；要么就是所选的方向自己根本就不熟悉，所以大多数人会半途而废。

3.一上来就定位，缺乏迭代改进和拆解分析

有些人对内容定位犹豫不决；有些人可能就是另外一个极端——一上来就定位，输出一大堆自以为很有见解和干货的内容，但其实用户的点击率并不高。同时，创作者也没有对此进行过深度思考，并没有去迭代改进内容以适应用户的内容消费需求。

一知半解就撸起袖子加油干的这类人，大多对新媒体同行大号也缺乏拆解分析，只看到了大号表面上的风光，没有去深度分析其背后的运营思路和技巧。

4.内容IP形象模糊，缺乏人格化的标签

在进行新媒体内容创作时，如果没有一个独特鲜明的内容IP，那么将会很难让用户记住你。什么样的内容IP才能称得上独特鲜明呢？比如想到吐槽类的短视频就会想到Papi酱。内容IP形象就打造得深入人心。

没有人格化的标签，内容就很难刻画得入木三分、活灵活现。没有标签，别人的脑海里就不会把你和某一个细分领域关联起来。失去了关联性，用户自然就不容易记住你，就无法深入了解你。

5.自我定位不清晰，不了解自身优势

对自己的个人优势没有清晰的认识，会导致在选择新媒体内容创作的领域上出现错位的问题，比如一些看起来很好做的大众领域，像是个人成长、情感等，当你自己去尝试创作时，会

发现并不是自己所擅长的领域。还不如悄悄去选择一个你自己熟知的小细分领域进行创作,这样竞争更小,粉丝定位也更精准。

还有图文、音频和视频这些内容表现形式对能力的要求也是不尽相同的。有的人不会写作,但是很会在镜头面前展现自己;有些人可能不太好意思去做露面视频,那么可以尝试用传播声音的音频形式来做新媒体内容。这些都需要通过自己勇于去尝试才能找到自己的长项。

2.3 新媒体定位六步法

前面说了那么多大家在做新媒体定位时所遇到的问题,那么我们该如何准确高效地进行新媒体营销内容定位呢?下面给出一张"新媒体定位六步法"的思维导图(见图2-2),以供读者参考。

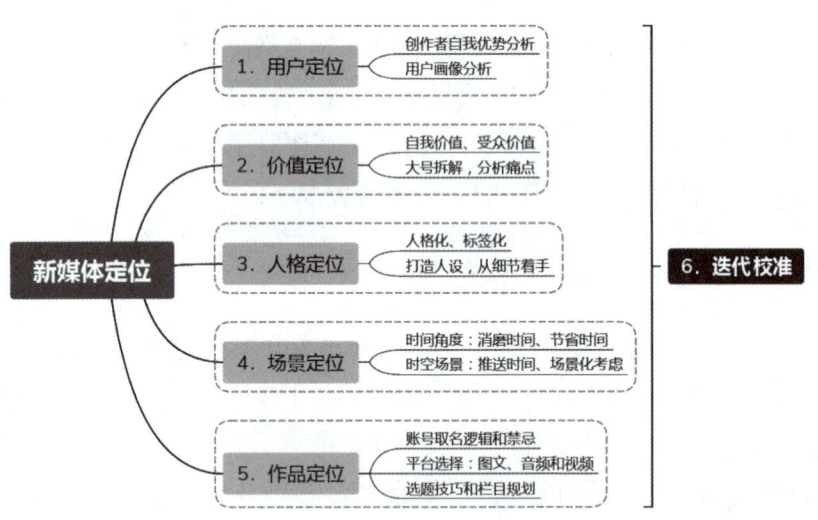

图2-2 新媒体定位六步法

"新媒体定位六步法"为:用户定位—价值定位—人格定位—场景定位—作品定位—迭代校准。基于这张新媒体定位思维导图,我们可以对要开展的新媒体营销内容定位构建一个行之有效的思维分析决策模型。接下来,来为大家一一解读每一个步骤的具体内容。

2.3.1 第一步:用户定位

我们需要知己知彼,弄明白自己在内容创作上的优劣势,擅长哪一部分内容,适合做什么形式的内容创作,建议考虑用SWOT态势分析法(见图2-3)。

图2-3　SWOT态势分析法

同时,我们还需要对目标用户有一定的认知,并对目标对象建立用户画像。比如,图2-4就是基于微博开放数据得出的有关青春文学类新媒体号的粉丝用户画像。

维度	明细
性别	60%的女生;40%的男生
年龄	主要目标人群集中在19~24岁,次要目标人群集中在25~34岁。
地域	上海、北京、广东三地
兴趣爱好	旅游、美食、视频音乐、名人明星、娱乐、文艺、时尚、"90后"、体育、搞笑幽默
情感需求	"享乐/释放" "舒适/安全" "个性/独特"
主题/要素	爱情、校园、美女、帅哥/美男、拜金、亲情
情节/脉络	霸道—冷酷—无情—倔强—温柔—阳光—可爱—青春—年少—校园—相遇—相识—爱情—美好—最终—友情、豪门—千金—穿越—重生—小时候—相遇—美男—爱情

图2-4　青春文学类新媒体号的粉丝用户画像

至于目标用户的大数据信息,笔者建议通过开放型的新媒体平台来寻找相关性高的大号来进行分析,在这里笔者选择的是微博平台。借助分析相关领域大号的粉丝数据情况,来推导出目标用户画像情况。

还有一个办法就是去寻找与此相关的新媒体垂直细分行业的研究报告,专业的调研分析报告中一般会有对用户画像的量化数据和定性分析。这种方法相对来说要更方便快捷一些,适合没有太多技术背景的内容创作者。

关于我们在做新媒体用户数据分析时,应该从哪些渠道找数据,这里笔者为大家简单盘点一下。

①百度指数:该指数可以对人群数据进行分析,以及展现某个话题的关注人群的所在地区、

年龄、性别等属性占比数据。

②**清博指数**：目前国内最大的第三方"两微一端"（微信、微博、App）数据库，其所提供的服务包括：指数评估、行业分析、行情报告、营销推广、数据新闻等。

③**UC浏览器**：UC的大数据对移动端的热点具有指导性意义，它会帮我们选出手机用户最关心的几大话题，成为我们自媒体人主要研究的主题集中地。

④**西瓜数据**：专业的新媒体数据服务提供商，系统收录并监测超过300万个公众号。其提供的服务包括：公众号诊断、阅读数监控、公众号雷达等。

⑤**阿里指数**：B2B的集散地，可以通过阿里指数来指导我们往客户聚集的方向走，进而引来客户。除此之外，其还可以根据阿里榜单的关键词进行相关内容的输出，引领我们跟上热点趋势。

⑥**新榜**：最早提供微信公众号内容数据价值评估的第三方机构，对超过35万个有影响力的优秀账号实行每日固定监测，据此发布微信公众号影响力排行。有超过20个分内容类别的行业榜和超过30个省市的地域榜。

⑦**收集或购买数据报告**：比如从公司官网、App、头条号、微信公众号等平台收集数据。或者是付费购买，从专业的行业调研公司购买，如艾瑞咨询等。

2.3.2 第二步：价值定位

在自我价值的目标实现方面，无论是个人新媒体还是企业新媒体，目的都是传递价值。个人通过新媒体把自己的专业知识、见解和技能分享传播给需要的人；企业通过新媒体，让更多的人能认同其产品服务、理念和使命。

在受众用户的价值方面，新媒体的目的是尽可能多地满足他们的内容消费需求，让受众在阅读、视听之后能够拥有身心的愉悦或者情感的共鸣。**新媒体内容创作最为切忌的是自嗨式创作。**

如何去做行之有效的价值定位？笔者建议可以尝试通过"**大号拆解**"的方式来帮助我们快速做价值定位。也就是我们可以把同行业做得相对比较优秀的新媒体大号进行拆解分析，重点研究它解决了用户哪些痛点，是如何满足用户的缺乏感的，并为用户提供或创造了哪些价值。

例如，汽车这个细分领域有个自媒体叫"38号车评中心"（见图2-5），它的特色在于其内容主打深度汽车评测，该号主"八哥"本身就是汽车相关专业出身，他很好地利用了自己的专业优势。他在用视频给用户讲解和评测汽车时，体现出了不同于其他车评人的高度专业性，不花哨、不做作，语言犀利，对汽车的优缺点有一说一。他给用户提供的价值就是针对汽车的专业分析、技术细节剖析和真实诚恳的买车建议。

第2章 新媒体营销定位

图2-5 38号车评中心

当我们所提供的新媒体内容能够很好地满足受众用户的缺乏感，并让用户对我们的内容价值产生心理认同，最终达成内容消费的行为时，就成功达到了营销目的。

2.3.3 第三步：人格定位

新媒体人格定位，说通俗一点就是在新媒体的内容创作中打造人设。"人设"这一网络词常用在公众人物身上。"人设"意为人物形象设定，这种人物形象一般是指内在的比较正面、积极向上的形象。

马东说，"你要与众不同，就要在最大程度上表现得不一样，才能最大程度地被需要。"于是

21

新媒体营销精华：精准定位+爆款打造+匠心运营+内容变现

不知从何时起，人物设定变成了品牌或个人在包装、营销成功道路上的重要一步，并且越高格调越能显现出你的与众不同，特别是在离开现实的互联网上，你可以是高情商的心灵导师，也可以是高智商的学霸精英，在这样的人设背景下，你说的话也更具公信力，更能转化成流量，达到最高发酵值，最终让粉丝为你买单。

我们在新媒体内容创作过程中要尽可能打造人设以实行人格定位，这样有利于用户对我们的新媒体号形成关联识别和记忆。例如"虎哥说车"这个汽车短视频新媒体号（见图2-6），最让用户记忆深刻的是将各种豪车讲解得生动有趣的虎哥。这样一个擅长风趣地解说豪车的人设形象就打造得很深入人心，让人记忆深刻。

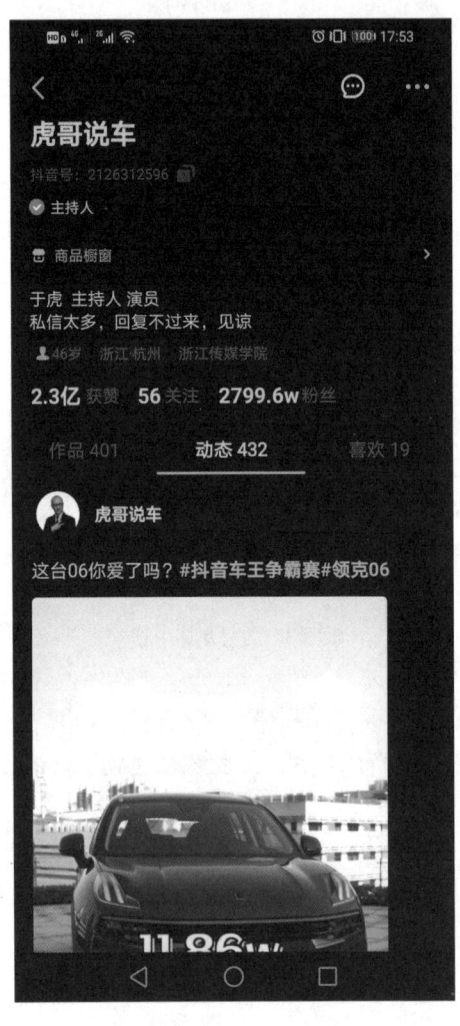

图2-6 "虎哥说车"账号

"虎哥说车"的开场白也很具标志性，一句"有网友要看××，今天它来了！"基本成为虎哥说车的一个标签，以至于很多模仿虎哥说车的创作者，同样说这一句，笔者的脑海里定位的依然是虎哥，因为那是"虎哥说车"的专属开场白。口红一哥李佳琦的口头禅"Oh! My god！""买它！买它！买它！"，其实也具有一样的效果。

简单总结一下，我们该从哪些细节方面打造专属人设，从而实现新媒体营销内容的人格定位呢？笔者建议可以从开场白、口头禅、语言风格、内容调性、标签化角色以及穿着服装等细节方面来进行人设打造。

2.3.4 第四步：场景定位

关于场景定位，我们首先来了解一下场景化营销。场景化营销是指针对消费者，在特定场景中的心理状态或者是需求下产生的营销行为。场景化营销的核心应该是具体场景下消费者所具有的心理状态和需求，而场景只不过是唤醒消费者心理状态或某种需求的手段。

如果把新媒体内容看作是商品，那么我们要做场景定位的原因在于我们需要考虑到用户在不同时间、空间和社会环境下的内容消费心理状态和需求。

比如关于新媒体内容的推送时间，不同的时间就要从不同的考虑出发：

7:00～9:30，早上的这个时间段适合推送资讯类的内容；

11:00～14:00，中午的这个时间段适合发布行业类的内容；

17:00～19:00，晚饭的这个时间段适合各种类型的内容，且是发布高峰时段；

22:00～24:00，睡前的这个时间段适合发布娱乐、鸡汤和猎奇等内容。

另外，针对所处的时空环境场景，创作者要选择合适的内容形式来发布。例如：

针对容易引起群情激愤的热点事件，就适合写深度大长文来做热点分析；

在节假日期间，旅游旺季的时候，就适合推送一些让人身心愉悦的美食美景攻略，这种时候就比较适合多用图片、视频这种内容形式；

开车、通勤、家务、运动、睡觉乃至上班等各类场景中，用户比较适合选择用手机来收听音频节目内容。

总结一点，如果单纯从时间角度来分析，场景可以简单划分为两类：消磨时间和节省时间。比如在通勤途中听歌，其实就是消磨时间的场景；在清晨起床这个时间段一边洗漱一边收听新闻资讯，其实就是节省时间的场景。

2.3.5 第五步：作品定位

优秀的新媒体内容其实是由作品汇集而成的，能称为作品的内容就如同产品一样，具备应有的特征和功能并能够解决用户的痛点。

好产品需要一个响亮好记的名称，方便用户记忆；好作品也同样需要拥有一个有利于用户识别和记忆的账号名称。在确定了用户画像和内容输出方面的风格调性以后，给新媒体账号取名的时机就成熟了。关于账号取名的技巧学问，笔者向大家分享以下几个思路：

人格化的账号名，比如："黄小厨"，这是明星黄磊于2015年创办的生活方式品牌，目前主要在微博、微信平台以"黄小厨"自媒体的形式呈现。类似的账号名还有"王耳朵先生""地产八卦女""武志红"等。

情绪化的账号名，比如"差评"，这是一个站在科技领域，以专业的角度和诙谐的语言，为订阅者呈现高质量的图文和视频的科技新媒体号。类似的账号名还有"一本黑"。

场景化的账号名，比如"十点读书"，这是一个基于微信公众号的读书分享自媒体，旗下通过"十点读书会"等公众号通过图文、社群等多种形态将原创内容产品传递给用户。类似的账号名有"星球研究所""插座学院""正和岛"和"越女事务所"等。

口语化的账号名，比如"30秒懂车"，这是一个集买车用车玩车于一体的视频新媒体。类似的账号名有"假装是天堂""设计怎么做"等。

人群标签化的账号名，比如"拆书帮"，这是一个把图书知识拆解为自己能力的自组织人群所创立的新媒体号，强调一起释放学习促进者的能量这一核心理念。类似的还有"踢车帮""创业家"和"支付圈"等。

组合化的账号名，这是非常常见的取名方式，比如"叶檀财经""樱桃大房子""木木说卡""虎哥说车"和"二爷说险"等，这类账号名大多以人格化的名称与某一个细分领域进行组合而来，好处在于方便用户记忆人设的同时也很精准地定位了内容细分领域。

以上举例，是笔者通过个人经常关注的新媒体号分析归类而来，供各位读者参考。另外，关于账号取名要注意，就是尽量避免用公司全名、生僻字和容易打错字的一些名称，也最好规避重复率过高的名称。可以在微信、微博等新媒体平台尝试输入自己想好的名称，这样心里会更加有数。

总之，新媒体账号起名要力求**关键字突出、名称长度适中、风格与内容调性一致**。

产品可以有不同的种类，比如面粉可以制作成面包、面条、饺子、煎饼和蛋糕等不同种类的产品。与之类似的，新媒体内容也可以呈现不同表现形式的作品。

有的创作者适合写作，他就适合采用微信公众号、今日头条号、知乎和简书等图文写作平台为主打的内容平台。

有的创作者具有很强的朗读和说书的能力,这样的朋友就适合用音频的方式来给用户展现内容,那么就可以选择喜马拉雅FM、蜻蜓FM、荔枝FM等音频内容平台进行内容创作发布。

有的创作者很擅长表演、脱口秀和演讲等表现形式,那么这类朋友就适合用视频的方式来打造内容作品。主流的视频内容平台有抖音、快手和西瓜视频等。

就内容平台的选择而言,创作者只需根据自己在听、说、读、写这几个能力方面的优势占比,即可很轻松地选择适合自己的内容平台。

关于选题技巧方面,笔者建议从百度指数、微博热搜这种热点新闻排行的指数平台着手,就可以得到一个很不错的热点选题方向。只不过,你需要尽量想办法把热点和你的内容进行天衣无缝的结合,让内容更加自然地展现给用户,而不是牵强式的内容糅合。

还有一个方法,就是选择同行或者自己过往发布的高点击量、高评论量和高转发量的内容来进行研究分析,寻找其中的共同基因,将这些爆款内容做相应的延伸、扩展或发散思考,最终形成一个内容系列。

其实内容专栏的建设很多就是通过这种方式而进行的,创作者一旦发现有爆款内容,则说明用户对这类内容的消费需求很大,所以就很适合打造一个专栏来进行归类,这样就形成了一个强势品牌化的栏目。这种通过需求分析来打造内容专栏的方式,要比一开始就先行策划栏目要更适合用户的需求缺乏感。

2.3.6 第六步:迭代校准

新媒体营销内容定位并不是一成不变的,我们需要每隔一段时间来进行复盘、迭代优化和校准定位。因为外部环境和目标人群是会发生变化的,所以我们需要定期做好用户画像的监测、琢磨阅读喜好的变化,从而达到校准定位的目的。

内容定位校准一般从两部分来分析:定量和定性。定量校准主要是根据一段时间内发布文章的阅读量、点赞量、收藏量或打赏量的情况识别出其中优质/劣质的题材,从而进行内容方面的优胜劣汰。

定性校准一般在运营一段时间后,基于新媒体账号现有粉丝群体,从性别、年龄或地域等维度,进行分层比例抽样,选择其中一定比例的核心粉丝,加粉丝为好友来进行。比如我们从微信公众号中的用户分析功能就可以查看到账号的核心粉丝年龄段分布(见图2-7)。通过与粉丝的交流沟通,以及对方朋友圈内容情况等来给粉丝打上兴趣标签,最终得出核心粉丝的大体内容需求兴趣图谱。

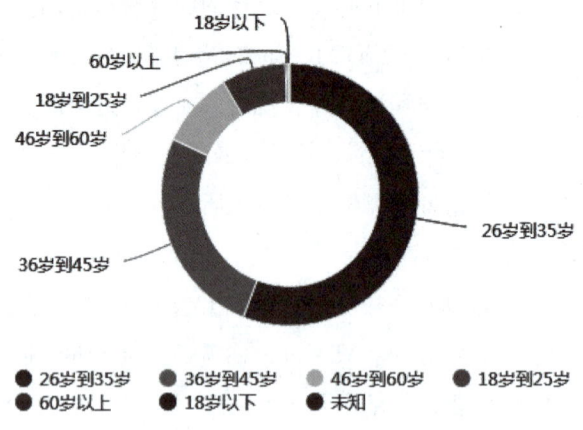

图 2-7 微信公众号中的用户年龄分布

通过定量和定性的分析,其本质在于建立用于你进行内容创作和用户运营的参考数据库。当我们定期对这些数据进行分析复盘、迭代优化和总结,可以大大提升我们在内容创作定位上的准确度以及运营效率。根据数据所反映出来的用户心理,进行内容定位和规划设计,同时也会让创作者更加懂得洞察用户内心,从而真正找到用户的痛点,并针对性地满足对方的缺乏感。

2.4 新媒体定位九大领域的思维点拨

通过新媒体定位六步法,我们在新媒体定位上具备了较为清晰的思维模型和实践方法论。下面就从不同行业领域的角度来进行内容定位的思维分析和点拨,以帮助读者达到活学活用的目的。

1. 财 经

这个领域所面向的人群大多为高学历、高素质的精英白领阶层,且用户群体整体价值较高。所以如果要选择做财经新媒体这个方向,创作者自身就必须具有很强的财经专业知识积累,对金融学、经济学等相关学科有自己的深刻见解,最好能以深入浅出的讲解方式来打动你的粉丝。

例如,"越女事务所"(见图2-8)。其创作者越女就非常擅长用简洁通俗的语言描述金融理财相关知识。而且越女的写作文风和大多数财经类博主有很大的差别,它的文章阅读起来轻松易懂,有一种知识获得感。其定位"感受金钱的善意"很优雅又很直白地说明了它的主要内容就是围绕金钱展开的。

图2-8 越女事务所

2.汽 车

汽车类新媒体大多以视频的形式呈现内容。视频的展现方式更加直观、翔实和快捷,对汽车的讲解一般分静态和动态两部分来评说,而其中最重要的动态部分是非常适合用视频来展现的。

汽车这一细分领域也是一个高价值垂直市场，因为单品的总价高，所以它的广告主大多为车企。

这一细分市场做得比较优秀的头部汽车新媒体有"虎哥说车"，以幽默风趣、激情澎湃的讲解而著称；"30秒懂车"（见图2-9），以高频率更新、快节奏评说和高效互动问答为特点，快速占领了年轻爱车一族的心智。"30秒懂车"已打造为一个有关汽车短视频的MCN机构，它主打的定位是快速解决老百姓买车、用车问题的核心痛点。

图2-9　30秒懂车

3.房　产

房产与汽车品类比较类似，都属于大宗资产。不过目前市场上做房产的新媒体分化出了两个方向：一个是以针对开发商为主的To B模式的广告软文房产号；还有一种是以购房用户为主的To C模式的知识大V号。前者主要通过公关软文和活动来实现变现，付费方为开发商；后者以用户打赏或知识付费来变现。

房产也有类似汽车后市场一样的领域，那就是装修，这个领域比较适合自身就从事装修行业的资深人士来做。比如，"设计师阿爽"（见图2-10），该账号是尚品宅配在短视频时代的一项战略项目，它通过打造短视频网红制造线下流量，分配到商品宅配门店。其最主要的目标还是引流线下成交。短视频中的设计师阿爽有一句很经典的口头禅"爱设计超过爱男人"，就很好地定位了阿爽是一个专做家装设计的设计师人设。

图2-10　设计师阿爽

4. 科　技

科技行业大V之前大多活跃在各大硬件玩家论坛，这类发烧友用户一般对最新的电子产品非常感兴趣，有什么新的硬核产品都会抢先试用。科技媒体由于其专业性，适合做图文类的内容，以此来吸引科技硬件产品"发烧友"。这个领域的关注者，相对比较小众，尤其是高端科技类玩家群体。

"科技小白"用户大多关注的是科技产品的评测和使用体验分享，这是一个很好的创作切入点。举例，"爱范儿"（见图2-11）。它是一个针对科技类前沿资讯和产品评测的新媒体号。这个号的特点在于高质量、精美的图文创作风格，给用户营造出一种很好的高级感、时尚感。

图2-11　爱范儿

5. 母　婴

作为最近几年用户高速增长的一个细分市场，母婴相关的新媒体创作者也呈现出层出不穷的势态。这个细分领域大多为女性从业者，她们在育儿、亲子教育上有着自己的亲身体验。同时，母婴领域的消费者非常注重口碑且具有很高的复购率，所以配合恰当的内容运营和社群助力，会很容易吸引有母婴方面需求的刚需人群关注，母婴新媒体营销就会变得水到渠成。

例如，"辣妈米苏"（见图2-12），其创作者就是分享自己在育儿过程中的种种心得和经验。其内容的真实性、原创性很好地塑造了一个年轻时尚的育儿达人形象，那就是辣妈米苏。

图2-12　辣妈米苏

6. 时　尚

做时尚类新媒体的创作者也很多，比如在2019年大放异彩的"口红一哥"李佳琦（见图2-13），其全网粉丝达近5000万之多，年收入近2亿元。由此可见，时尚这一细分领域具备很强的商业变现潜力。所以，如何在众多时尚博主中杀出一条血路，这就非常考验创作者的内容定位和独特风格。

李佳琦直播卖口红为什么会如此火爆，笔者认为他与众不同的地方在于他有专业的美妆知识、贴心的服务和他自己独特的销售技巧。

图2-13　"口红一哥"李佳琦

7. 生　活

在2019年的新媒体领域中，生活类的Vlog视频非常火爆，这种以拍摄个人生活并分享个人体验的短视频收割了一大波新流量的关注。笔者个人分析生活类Vlog新媒体受热捧的原因在于其很强的真实性能让网友感觉到非常贴近自己的个人生活，所以往往容易引起情感共鸣。这类新媒体内容门槛相对较低，适合愿意在镜头面前分享和展示自己个人生活心得体会的创作者。

例如，"小肥皂vlog"（见图2-14）。这位创作者的视频大多是非常生活化的个人小短片，她拍的都是自己日常工作、生活的一些场景。这些生活化的Vlog视频非常真实地展现了一个每天快乐不止、心态积极向上的人物设定。所以用户在看她的视频时，也能感受到很多的正能量。

图2-14　小肥皂vlog

8. 情　感

情感领域也是一个需求很大的细分领域，它的关注者大多是女性用户。这个领域需要创作者有很丰富的情感经验和阅历，才会有一些真知灼见输出给用户。比如涂磊老师，在情感类话题节目中的点评就显得一针见血，语言犀利的同时又能直击情感纠葛的要害。

在情感领域的短视频创作者，笔者关注到一个粉丝增长速度很快且关注量很高的号主，叫"艾弥儿"（见图2-15）。首先，这个账号名就很悦耳动听，其次，她在短视频中展现出一种娓娓道来的优雅，对情感问题分析得透彻入里，它会让用户对她产生很好的印象，从而最终在用户心中建立起"情感专家"的人格标签。

图2-15　艾弥儿

9. 搞　笑

搞笑这个领域，非常考验一个创作者的表演能力，同时它还需要一定的剧本创作能力。这个领域做得好的创作者可以实现快速涨粉，因为它带给用户的是更多的欢乐。但也有表演痕迹很明显的那种搞笑视频，其剧情也非常简单，看起来不是很自然，最后的涨粉效果就不是很理想。

这个领域的创作者也有不少，比如"四平警事""爆笑三江锅"等。以"四平警事"（见图2-16）为例，三位表演者利用东北话和东北人的表演天赋，将日常生活中的一些违法行为通过搞笑短视频的形式展现给用户，这样具有很强的寓教于乐的效果。当然，这与创作者极强的表演能力也是分不开的。

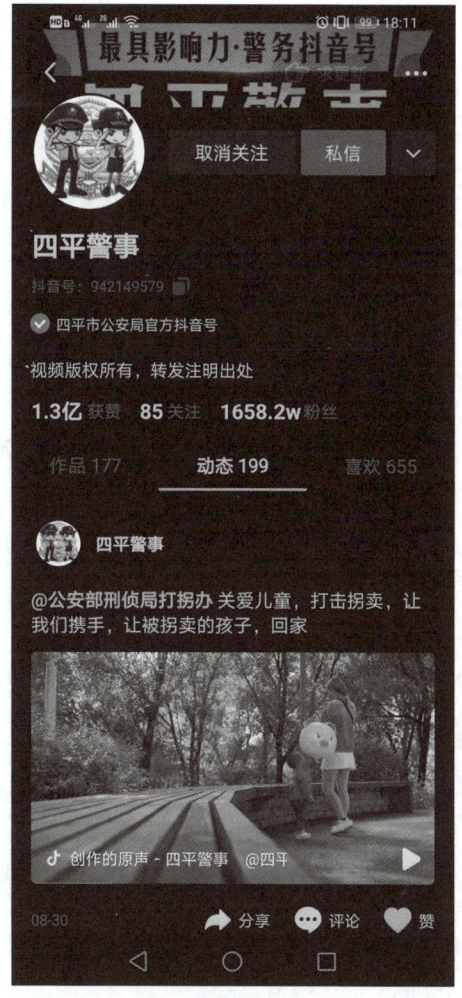

图2-16　四平警事

2.5 小　结

在本章，首先讲解了新媒体营销底层逻辑：营销的本质就是研究如何通过满足用户的需求，来达到自己的目的。洞察用户需求是营销的第一直觉。

其次，列举了新媒体定位中会经常遇到的一些问题。然后我们给出了有关新媒体定位的思维导图，包括用户、价值、人格、场景、作品和校准，用以对新媒体营销内容定位做思维决策。这是一个知识重点，请读者务必多多理解和实践运用。

最后，笔者选取了新媒体创作中的九大常见领域，针对定位做了相关的思维分析和案例举例，旨在帮助读者从中学习到一些优秀经验。

第 3 章　图文新媒体创作

文以载道，意思是指文章是用来说明道理的。优秀的文章能够让众人为之点赞、转发，想必就有文以载道的内涵在其中。越是鞭辟入里、入木三分的文章，越能够走进用户的内心世界。一图胜千言，意即一张精确直观的图片所表达的内容要比千言万语更有用。因为人类大脑处理图像的速度远超过处理文字的速度，用户通过图片理解你的内容远比通过文本要容易得多。掌握基本的图文创作技巧和方法，将会为新媒体内容创作之路奠定坚实的基础。

3.1　概　述

图文新媒体，以图片、文字为主要内容表现形式，它也是新媒体最开始流行的内容形式。图文新媒体虽然不如当下强调"走肾"的短视频那样火爆，但是它也有自己独特的吸引力，那就是它更多的是强调内容要"走心"。

比如最开始做微信公众号的那一众大咖，仅仅依靠优秀的文案、深度的剖析以及强烈的情感触动，就可以很快吸引一大波粉丝的关注。相比音视频的形式而言，图文更讲究走心，往往那些阅读量"10万+"的爆款红文，大多都能引发阅读者在情感和认知上的共鸣。

在短视频越来越火爆的今天，图文新媒体依然很适合用来做深度的分析和解读类的内容载体。文以载道，图文的表现力往往体现在文章的思想深度上。它不像短视频那样可以瞬间激发观众的荷尔蒙，文章的阅读者只有在对文章进行深度阅读并经过思考之后，才容易产生内心的认知趋同效应，这样的粉丝往往会对图文新媒体创作者有很强的追随性，用户黏性更强。

说起图文新媒体，其实很容易让我们联想到自媒体这个概念。自媒体这个叫法，最早来源于美国词汇We Media。自媒体是普通大众经由数字科技与全球知识体系相连之后，一种提供和分享他们自身的事实以及新闻的传播方式。

2005年，Blog进入中国并开始在社会公众层面上得到认知。Blog是继早期互联网个人网站之后的自媒体典型应用。到了2008年的博客全盛期，中国有1亿博客之巨。

2009年，新浪试水微博，并借助它强大的媒体属性，将微博推向当时中国头号互联网应用之一之列。2011年新浪微博达到巅峰状态。即便在今日新浪博客已不再辉煌，它依然有每日约6000万活跃用户之众。它是继博客之后的又一个典型自媒体应用。

2012年，微信推出微信公众号，随即引发大量机构和个人入驻并开设自己的账号。时至今日，微信公众账号有800万个，相当于每160个中国人就拥有一个公众号。2019年，微信公众号已发展了7年，进入"七年之痒"。今日头条号、百家号、大鱼号等信息流平台的背后，是互联网巨头对用户注意力的激烈争夺。

回顾最早期的博客、微博和微信公众号，我们会发现，当时新媒体内容的主流表现形式就是图文。博客是长图文的大文章，微博则是短图文的小段落，而微信公众号则可以看作博客的重生。

图文新媒体作为最基础的内容载体，值得每一个新媒体内容创作者认真学习和研究一番。即使将来你选择的是音视频新媒体创作，但图文创作的基本功，如取标题、写文案和行文构思等技能，都将会从潜意识里帮助你完成音视频内容的创作。

3.2 十大图文新媒体平台如何选择

图文新媒体内容创作平台发展至今，已经涌现出了众多平台，如微信公众号、今日头条号、百家号、搜狐号和网易号等。作为创作者的我们，该如何选择适合自己进行创作的平台？下面就来为读者罗列并总结一番市面上主流的图文新媒体创作平台，最后将给出相应建议。图文新媒体平台思维导图如图3-1所示。

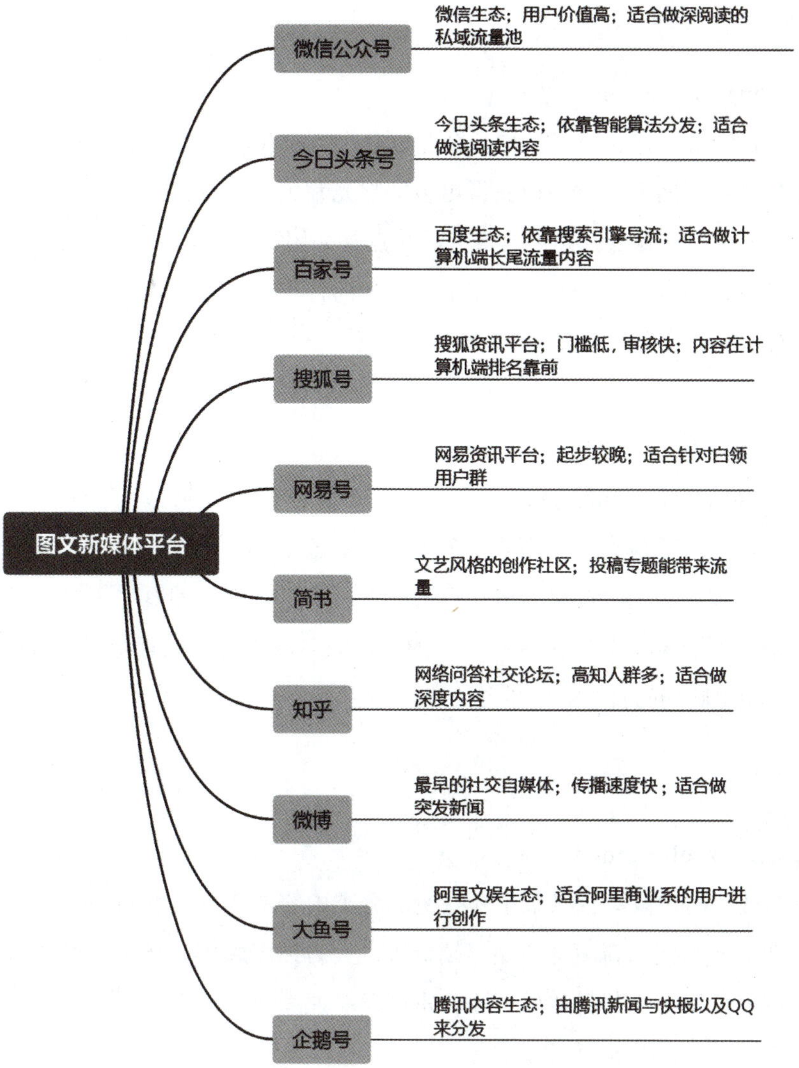

图3-1 图文新媒体平台思维导图

1.微信公众号

网址：https://mp.weixin.qq.com

微信公众号平台作为新一代的图文创作新媒体平台，聚集了大量的优质内容创作者，现已成为众多个人和企业的宣传主阵地。因为微信自身具备庞大的用户群体和极强的社交基因，所以微信公众号平台的流量大多来自微信用户的订阅、转发和分享，从而形成了一个相对封闭的生态，且用户黏性好，用户变现价值高。这个平台也常被运营者用作私域流量的沉淀池。

2.今日头条号

网址：http://mp.toutiao.com

今日头条号是针对媒体、国家机构、企业以及个人推出的专业信息发布平台，致力于帮助内容生产者在移动互联网上高效率地获得更多的曝光和关注。今日头条号目前来说是流量最大的自媒体平台，入驻门槛较低。该平台最大的特点是采用算法智能推荐机制，只要文章写得好，推荐量也可以很高，阅读量相当可观。该平台最大的特点在于有智能推荐算法的加持，所以每个人的内容都有被推荐分发的机会。

3.百家号

网址：http://baijiahao.baidu.com

百家号平台是由全球最大中文搜索引擎百度所打造，该平台为内容创作者提供内容发布、内容变现和粉丝管理等功能。百家号依赖百度搜索引擎自身携带的百亿级电脑端流量，很好地占领了PC内容搜索的流量入口。关注百家号的粉丝大多源于百度搜索结果和百度App，所以百家号很适合用来做电脑端的长尾流量平台。

4.搜狐号

网址：https://mp.sohu.com

搜狐号是在搜狐门户改革背景下全新打造的分类内容的入驻、发布和分发全平台，是集中搜狐网、手机搜狐网和搜狐新闻客户端三端资源，大力推广媒体和自媒体优质内容的平台。搜狐号在对文章内容的审核上相对比较宽松，审核发布速度快，该平台上的内容在电脑端的搜索排名也比较靠前。

5.网易号

网址：http://mp.163.com

网易号的前身为网易订阅，是网易传媒在完成"两端"融合升级后，全新打造的自媒体内容分发与品牌助推平台。网易号是集高效分发、原创保护、现金补贴、品牌助推于一体的依托于网易传媒的自媒体发展服务解决平台。网易新闻有态度，众人皆知，这个平台适合打造针对高端白领人群的阅读内容。相对于今日头条号，网易号起步较晚，用户量和收益也相对少一些。

6. 简 书

网址：https://www.jianshu.com

简书是一个优质的创作社区，它的定位颇具文艺风格。用户在简书上面可以方便地创作自己的作品，用户间可以互相交流。简书最大的优势在于用户撰写软文后，可以找到相应的专题进行投稿，一旦所创作的软文被粉丝量较大的专题收录，并且有一个足够吸引人的标题，那么所带来的流量将十分可观。

7. 知 乎

网址：https://www.zhihu.com

知乎是一个网络问答社区，它很像一个社交论坛。用户围绕着某一感兴趣的话题进行相关的讨论，同时可以关注兴趣一致的人。对于发散思维的整合，是知乎的一大特色。知乎平台上聚集着大量的高知、高收入人群，其用户也大多分布在一线城市。知乎大V拥有明显的影响力优势。大V的粉丝忠诚度、知友信赖度要高于其他社交渠道，所以大V们能有效影响粉丝的购买决策。

8. 微 博

网址：https://weibo.com

新浪微博是最早一批自媒体公众平台之一，它是基于用户关系的社交媒体平台，用户可以通过PC、手机等多种移动终端接入，以多媒体形式实现信息的即时分享和传播互动。只不过现如今使用微博的年轻人越来越少了。因为微博发布便捷、传播速度快，所以一些娱乐爆料或突发新闻等实时消息大多是从该平台传播出来的。

9. 大鱼号

网址：https://mp.dayu.com

大鱼号是阿里文娱体系为内容创作者提供的统一账号。大鱼号实现了阿里文娱体系的一点接入、多点分发。内容创作者一点接入大鱼号，上传的图文、视频可被分发到UC、优酷、土豆、淘系客户端等。这个平台适合阿里商业生态系的用户进行内容创作。

10. 企鹅号

网址：https://om.qq.com

企鹅号是腾讯旗下的一站式内容创作运营平台，也是腾讯"大内容"生态的重要入口。它致力于帮助媒体、自媒体、企业、机构获得更多曝光与关注，持续扩大品牌影响力和商业变现能力，扶植优质内容生产者做大做强，建立合理、健康、安全的内容生态体系。企鹅号主要的推荐来自腾讯新闻与快报和QQ浏览器等腾讯产品。

综上，笔者建议个人创作者选择3～6个符合自身需求的图文新媒体创作平台即可，因为个人的精力相对比较有限，重点运营好几个内容平台即可，避免因为多平台发文和运营而导致内容创作本身的精力反而被消耗掉了。就MCN机构而言，笔者则建议选择接近全平台覆盖的图文新媒体创作平台，多渠道、广撒网式发文，这样做无疑会提升用户的覆盖率，同时也能在无形中增加用户的品牌信任感。

3.3　选题、构思和行文的奥秘

写文章大概有四个步骤：一选题；二构思；三行文；四修改。其中最关键的是选题和构思；其次是行文，也就是具体的写作过程；最后是修改，一般为小修改。为何说选题和构思尤为重要？因为它们承载了整篇文章的核心思想，所以如果选题和构思没有做好，那么写作和修改就可能是白费力气。下面将重点分享有关选题、构思和行文的思路和方法，以供读者参考借鉴。文章写作步骤思维导图如图3-2所示。

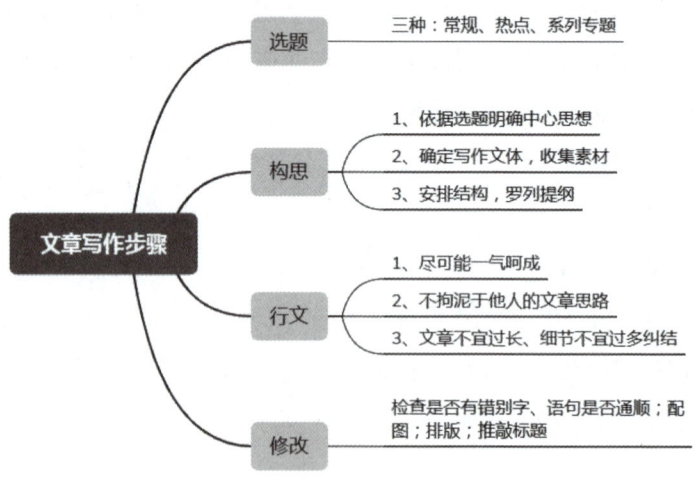

图3-2　文章写作步骤思维导图

3.3.1 如何选题

新媒体创作者做内容选题，就如同电商从业者做选品一样至关重要。因为如果选题弄错了，后面再怎么努力也是白白浪费精力。不夸张地讲，我们应该将至少一半的精力放在选题构思上。

对于一般的内容创作新人而言，光凭直觉来选题是不可行的。正确的做法是建立一套科学的选题决策机制。

如何做内容选题？

首先，明确目标用户的内容需求。我们做出的选题内容是供我们的目标用户群体阅读的，所以首先必须要对用户的需求痛点把握到位。这些其实在第2章中有所涉及，在此不做赘述。

同时，还可以尝试提前做好内容分栏，这样有助于用户形成对阅读内容的预期，也降低了选题难度。

其次，掌握常用选题方法。选题类型一般有三种：常规选题、热点选题和系列专题。也可以简单归纳为两大类：热点选题和非热点选题。

做常规选题的方法有日常积累形成标题库、借鉴爆文、紧跟同行并进行自我创新等。

建议将一些日常看到的走心文案、经典段子等存入一个标题库文档中。阅读量达"10万+"的爆文则需要我们重点研究它的选题立意角度，我们自己也可以尝试换一个新角度去模仿写一篇。很多同行业文章会跟自己的选题范围存在重叠的情况，所以有的"坑"可能已经被提前"踩"过了，而有好的选题也会从用户阅读数上体现出来，所以也可以拿来借鉴进行再创新。

做热点选题的方法主要是从不同的选题立意角度入手。因为热点大家都会抢，就看哪个创作者的选题立意角度更加新颖而已。关于热点选题，笔者就此总结了如下一些视角供读者参考。

1.从不同时空的视角

以雾霾这个每年都会出现的热点选题来讲，在选题立意时不妨尝试从不同的时间或空间的角度来写。例如：

人民日报《45年前痛批美国雾霾不顾人民死活》

2.从普通人的视角

比如要大众热点话题，如果尝试从平凡的普通人或者身边人的视角来写，会显得更加真实，这样也更能让读者感同身受。有一篇关于雾霾的阅读量达"10万+"的文章特别火，其选题视角就是从普通人的视角出发的。

《雾霾之下三位母亲的选择：离开的不再回来》

3. 从微观特写的视角

热点话题会被大量报道，且大多报道的内容比较宽泛，宏观角度偏多。在这个时候，如果尝试从某个很小的微观细节进行特写，这样似乎就有"柳暗花明又一村"的效果。比如，还是写雾霾，特写角度可以这么写：

《显微镜下的雾霾颗粒，看一眼触目惊心》

4. 从反面的视角

大多数人对热点的看法可能偏向一面，那么如果从反面角度来立意，也可以找到一个很不错的切入点。比如，将雾霾这个选题的立意反过来写，同样也可以创作出阅读量"10万+"的爆文。

5. 从未知的视角

人都有求知欲，尤其是对未知的东西。对于热点选题，如果能揭示某些之前从未为人所知的东西，或者写出一些从未被讲过的背景故事，这样也是一种不错的立意角度。知乎上有一个挺热的话题：为什么感觉雾霾是近几年突然爆发的？其中有一个高赞回答，其立意就是：雾霾长期存在，并不是最近几年突然爆发，只是我们近几年知道了"雾霾"这个现象而已。

6. 从新故事的视角

一个热点故事的结束，也是另外一个新故事的开始。几年前，逃离北上广是非常热门的话题，而这个话题也是另外一个新故事的开始：逃回北上广。新旧交替是事物的自然规律，去写一些未来即将开始的新故事同样是一个不错的选题视角。例如：

《美国雾霾故事的结束，又是中国雾霾故事的开始》

关于系列专题的选题方法，可以将系列专题看作一个新媒体号品牌化的拳头产品。系列专题的内容，一定是对用户最有价值和帮助的内容，也是吸引铁杆粉丝的一个最重要的地方。

系列专题的选题方法，可以从广度和深度两大角度入手。

从广度的视角写系列专题，可以用分类扩展的方式，这是一个相对比较容易的思路。比如写有关在一个城市购房的选题，就可以按这个城市的不同区域分板块来写，最终汇聚为一个专题。比如写新媒体运营，就可以从内容运营、用户运营、活动运营等细化分类的视角方向来入手。

从深度的视角写系列专题，是一个相对有难度的视角，这个视角需要你对选题领域具有非常深刻的认知和丰富的经历。建议可以尝试阅读相关专业报告、调研或书籍，可以帮助我们获得一些更加深度的见解，然后再进行融合创新，汇聚成自己的专题。

3.3.2 如何构思

一篇好的文章，构思尤为重要。构思也叫"打腹稿"，谋篇布局，是文章起草之前的一段思维活动。构思的过程，是一个建立文章逻辑关系的过程，也是搭建文章框架，列出文章提纲的过程。

一个好的文章构思过程，会决定文章最终是否结构清晰，关系合理，有一定的逻辑顺序。

构思的过程包括：依据选题明确中心思想；确定写作文体和收集素材；安排结构和罗列提纲等过程。其中提纲就是构思的结果输出，它为下一步行文写作明确了思路和方向。

首先，依据选题明确中心思想。

选题为我们的内容确定了写作主题范畴，不过它还只是一个很宽泛的范围。而文章的中心思想则需要更加明确具体一些，否则读者不知道你到底想要表达什么。中心思想是文章的灵魂，要力求大方向正确，有正能量、有价值和有意义，最终让读者能够从中受到启发和感染，或吸取某种经验教训，或给人以精神上的鼓舞。

中心思想要能正确表明创作者的态度——赞成什么，反对什么，倡导什么，禁止什么——不可模棱两可，不可态度暧昧。

中心思想要力求聚焦。一篇文章告诉读者一件事或一个道理即可，不必贪多求全，"眉毛胡子一把抓"，最终反而可能让读者不明所以。

其次，确定写作文体和收集素材。

写文章要根据选题来确定好写作文体，是写故事，写散文，还是写议论文等，必须明确。因为不同的文体有不同的写作方法。

写文章好比修建房子，也需要用各种建筑材料来填充整体架构。巧妇难为无米之炊，再优秀的创作者也需要有丰富且合适的写作素材来充实文章主体。

收集素材，要力求真实、新颖、典型和具体这四个方面。

最后，安排结构和罗列提纲。

文章的结构是其骨架。这个骨架如何排列，决定着文章的逻辑顺序是否合理。

文章的逻辑结构大致有：①按时间顺序写作，比如早上、中午、下午、晚上；②按事情发展的先后顺序来写，包括事情的开始、经过和结果；③按人物活动过程顺序写作，先做什么，再做什么，最后做什么；④按并列关系来写，表示一个事情的几个方面。

其中前三种结构按纵向关系展开，各部分呈现先后逻辑顺序。第四种结构按横向关系展开，各部分之间属于并列的逻辑关系，每一部分的前后顺序可以调整。

罗列提纲才是文章构思的最后一步。提纲大致有标题式和要点式两种。

标题式提纲相对简略，就是用简洁的文字标出文章大致框架的写作立意，其特点是文字简洁，一个小标题就能概括一个文章分块的核心思想，列起来速度快。

要点式提纲相对详细，它需要我们表明文章的中心，又要写出文章的大致内容，同时还要交代文章的详略，其文字描述要相对详细一些。

通过构思，可以实现文章的谋篇布局，从而形成文章的大致框架，为后续行文写作明确方向的同时，又打下坚实的基础。精巧的构思，方可使文章拥有灵魂，且保证文章逻辑顺畅，从而让用户对我们的新媒体图文内容产生浓厚的阅读兴趣。

3.3.3 如何行文

完成文章构思之后，接下来就是具体的行文写作了。

就我个人做新媒体图文内容创作的经验而言，首先，文章写作最好能一气呵成，在无外界环境干扰的情况下，聚精会神地完成创作是很容易出优质文章的。除非你的文章内容特别长，需要分几个大章节来完成，一般情况下，笔者建议尽可能一气呵成地完成写作。

建议一气呵成地完成写作的原因在于，在外界无干扰的条件下，内容创作者方可高度集中注意力，对文章的逻辑顺序和思维脉络有一个清晰的概念，这种情况才能满足行文一气呵成的创作条件。

写文章的过程中，最忌讳的是思路被突然打断，左一个微信消息，右一个电话骚扰，这样很容易将创作者的文思打断，然后又得重新去回忆之前的逻辑和思路，非常耽误写作效率。

其次，不要拘泥于他人已创作过的文章素材，避免在写作过程中被别人的文章思路所干扰。

过多地参考别人的文章思路，会导致自己的文章内容创作失去新意。同时，行文过程中也是要尽量避免大段落地复制、粘贴素材中的文字，除非是一些引用性质的文字。

再次，在进行新媒体内容创作时不太建议去写太过冗长的文章，因为在这样一个快节奏的互联网碎片化阅读时代，用户很难有太多的时间去深度阅读文章内容。所以图文新媒体创作者最好能够在写作时力求文字精练、图片精选，为用户传递价值的同时，尽可能地帮助用户节省阅读时间。

最后，建议行文过程中不要太过纠结于细节，应该专注于文章整体架构和思维脉络，力求把文章的中心思想表达出来。至于一些细节方面，比如图片寻找和处理、语句的字斟句酌等，建议放在整篇文章写作完毕之后再来处理。

3.3.4 如何修改

文章写作完毕之后，就只剩下最后的小修改了。如果文章写完之后还在做大修改，那说明文章创作前期的选题和构思存在很大的问题。修改主要看：有没有错别字，是否存在语句不通顺的地方；字斟句酌的地方怎么处理；配图的寻找和处理；文章段落排版样式处理；推敲标题等。待完成修改这一步之后，整篇文章的创作就算大功告成了。

3.4 打造爆文标题的九大绝技

对于以文章内容为主的图文新媒体而言，一个亮眼的标题可以大大提高文章的点击率。因为在目前这样一个资讯爆炸的时代，各种新闻资讯实在是太多了，这样就导致阅读者会选择性地挑选自己感兴趣的内容来阅读。用户决定是否打开并阅读一篇文章的时间大多不超过3秒，而文章标题是最先呈现在用户眼前的，所以，标题的好坏就起到了至关重要的作用。

为什么像Spenser、越女、王耳朵先生这些自媒体大V经常会出产阅读量"10万+"的爆款文章？其实不仅跟他们的内容写得引人入胜有关，同时他们所写的文章标题都是经过精雕细琢的。

笔者在研究了众多爆款文章的标题之后，特此将如何打造爆文标题的技巧总结如下，供读者参考。打造爆文标题常用技巧思维导图如图3-3所示。

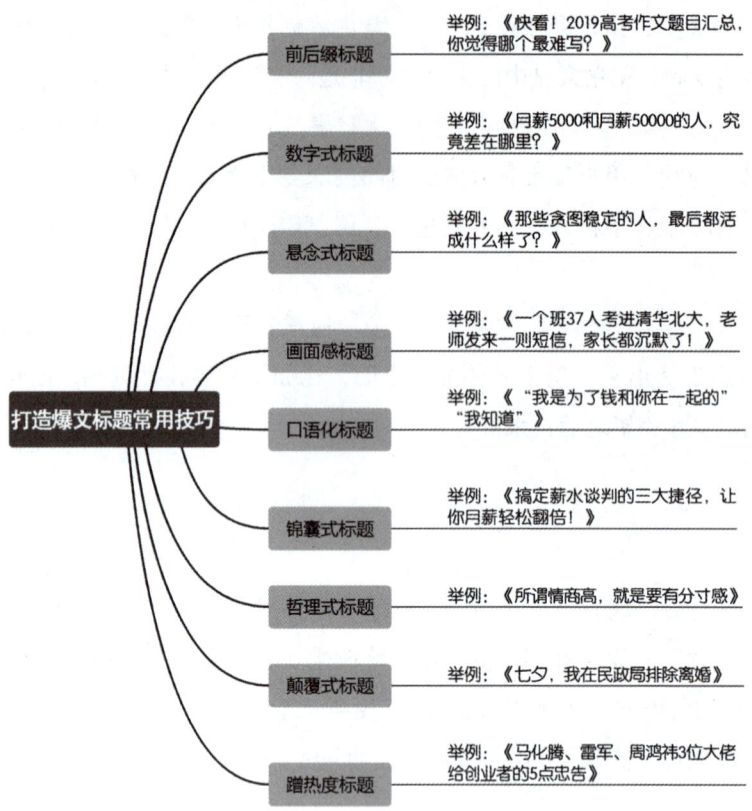

图3-3 打造爆文标题常用技巧思维导图

3.4.1 前后缀标题

这类标题相对而言比较简单、"粗暴"和直接，比较适合初学者来学习使用。它主要通过在标题之前或之后增加一些关键词来提高阅读者的注意力，从而达到让用户打开文章阅读的目的。

标题的前缀大多是一些带有情绪的感叹词或强调用语。

标题常用语——两个字：刚刚；突发；最新；紧急；快看；定了；揭秘；必看；居然；竟然；震撼；震惊；惊人；崩溃等。

标题常用语——三个字：笑喷了；哭晕了；惊呆了；出事了；超可怕；太恐怖；吓尿了；震惊了；笑疯了；逆天了等。

前缀标题举例：

《突发！孔令辉被暂停教练职务，立刻回国接受调查》

《揭秘！"快递小哥捡到500万"，真相竟然是……》

《快看！2019高考作文题目汇总，你觉得哪个最难写？》

后缀一般用来定位人群、加强推荐、解释说明、补充亮点和赠送福利等。

后缀标题举例：

《一个人心理成熟的具体表现都有哪些？（知乎点赞破万）》

《你不让孩子吃苦，这个世界会让他很苦（家长必看）》

《2019年版第五套人民币长啥样？我先睹为敬！（最全解读）》

3.4.2 数字式标题

数字式的标题也是一种很经典、很常用的标题模式，因为数字可以给人以具体、客观的感觉，并能准确、快速地抓住人的眼球，同时通过数字还可以很好地体现出稀缺、海量以及对比等作用和效果。

举例：

《2017年最难买的10支口红，我赌你一支都买不到！》

《煤炭司原副司长被公诉，家藏2.3亿现金烧坏4台点钞机！》

《月薪5000和月薪50000的人，究竟差在哪里？》

《我分析了1000个案例，总结出学习习惯养成的4个关键点》

《这里有100个海报模板，80+活动方案，等你来领取》

3.4.3 悬念式标题

大多数人都有好奇心理，所以如果在标题中提出一些疑问或制造一些悬念，这样会很容易激发阅读者的好奇心和他们立即阅读的欲望，从而提升文章的点击率。

举例：

《当面试官问你上家工资时，怎么回答最机智？》

《那些贪图稳定的人，最后都活成什么样了？》

《多厉害，才可以在简历上写精通Excel？》

《这个技能只有1%的人会用，学会让你事半功倍》

《"中国锦鲤"神秘好运背后的秘密是……》

《网易云音乐、喜茶、丧茶、杜蕾斯这么火，都是因为它》

《什么叫见过世面，这是我见过最好的回答》

《知乎高赞：自卑的人，常说这三句话》

3.4.4 画面感标题

营销领域有"故事营销"这个概念。故事营销的本质就是把理念寓于故事中，加上细节与情感，用受众喜闻乐见的方式表达出来，以此来搭建品牌和客户之间桥梁。故事营销不仅胜在故事更容易被传播，而且在传播过程中它能释放出情感能量，从而打动用户的内心。所以我们在创作标题时，如果能构造出一些画面感，就格外能吸引人的眼球。创作故事类标题的关键在于用一句话描述一段吸引人眼球的剧情片段，并且常常结合数字一起运用。

举例：

《武汉一男子购买路虎，因一字之差获赔345万！》
《喜茶又双叒叕出事了！喜茶店员群殴外卖小哥！品牌凌晨回应……》
《一个班37人考进清华北大，老师发来一则短信，家长都沉默了！》
《吃掉一只优秀的小龙虾，就抓住了南京的夏天》
《29岁辞职奥美总监，她开出不卖咖啡的咖啡馆，却让李宗盛竖起大拇指》
《14岁创业，坚守15年成果酱界老干妈，遭2000家超市疯抢，还获30多个大奖！》

3.4.5 口语化标题

标题口语化的好处在于能够像我们平时说话那样亲切、有味儿，这样瞬间就可以拉近与读者的距离。做好口语化标题，需要我们平时多听、多看、多想，积累得多，一旦"熟"了，自然就能"生巧"了。口语化标题的选词标准是：鲜活、生动、有趣。

举例：

《别扯了，这世上根本就没有怀才不遇》
《不好意思，你的努力不值钱》
《年终奖发这么少，老板你好意思吗》
《"我是为了钱和你在一起的""我知道"》
《"有钱人很任性？""屁，穷人才任性"》
《"孩子小，你不能让着点么？""不能"》

3.4.6 锦囊式标题

锦囊式标题需要先描述清楚用户的痛点，并给出解决方案。这相当于给用户制造了一个可以圆满解决问题的预期。选用锦囊式标题可以有效降低用户的阅读门槛。对于一些诸如金融、经济等专业类的文章，如果加上这些降低门槛的关键词，例如"三大捷径""十分钟搞定""小白也学得会"等，这样更能激发用户的阅读兴趣。

举例：

《没关系学历低的普通人职场不如意？靠这5个技巧就够了！》

《搞定薪水谈判的三大捷径，让你月薪轻松翻倍！》

《小白也学得会的理财课》

《中专学历，他如何靠新媒体年入百万？》

《每天只需十分钟，带你轻松入门视频剪辑！》

3.4.7 哲理式标题

哲理式的标题往往短小精悍，且让人一看就有一种茅塞顿开的感觉。想做好哲理式标题，就得多动脑筋，多琢磨问题，还得善于提炼，将生活中的哲理用最简单的话语概括出来。

哲理式标题举例：

《世间所有的吵架，都是因为男人不会说话》

《做最艰难的事，才是进步最大的时候》

《所谓情商高，就是要有分寸感》

《你不是迷茫，你只是浮躁》

《所有不谈钱的老板都是耍流氓》

3.4.8 颠覆式标题

如果哲理是人们所发现的生活中的真理，颠覆则是否定生活中那些约定俗成的所谓"真理"。颠覆式标题大多用一些颠覆常人认知的标题字眼来引起阅读者的好奇心和求知欲。用户会对这类颠覆式标题有一种心理反差感，所以有急切想知道其具体内容的迫切心理，这样就使文章的点击率得到了保证。

颠覆式标题举例：

《失败是成功之母，这种屁话你也信？》

《我是如何成功地把一家公司开垮的》

《在什么年纪就做什么事？我偏不！》

《别人吃是为了活着，我活着是为了吃》

《七夕，我在民政局排队离婚》

《有钱就可以为所欲为？马云说，是的！》

《早知道分手这么爽，我早就分手了！》

《后悔药使用指南》

《每天都被员工虐，我感到很开心》

3.4.9 蹭热度标题

蹭热度式标题一般有两种，即通过热点新闻事件和名人效应来借势取标题。蹭热度的原因在于文章可以结合最新热点新闻来蹭热度，而在标题中掺入名人姓名可以达到吸引人眼球的目的。名人、名牌和名企等相关的标题可以给人以权威和靠谱的感觉。这类标题比较适合热点事件发生时，顺势用到文章标题中蹭一下新闻事件的热度，所以追热点一定要快。而名人效应基本不存在时效性，但需要找到文章内容和名人的契合点，否则会有违和感。

举例：

《〈叶问4〉：化解偏见和歧视的最好途径，就是让自己强大起来》

《〈陈情令〉里的沟通术：说服别人，用这一招就够了》

《〈哪吒之魔童降世〉：所有的恶，都源自爱的缺失》

《神似范冰冰女主播网络走红》

《马化腾、雷军、周鸿祎3位大佬给创业者的5点忠告》

《见过汪涵，才知道什么叫作会说话！》

综上，一篇文章或者营销文案，影响用户是否会打开它的第一要素，就是标题是否能吸引人。如果文章选题、构思和行文都做得非常好，但是在取标题时非常草率、不够重视，则容易让自己辛辛苦苦写的文章埋没在海量资讯中。

就笔者的个人经验而言，我一般在写作前只会先取一个大概标题，然后等行文结束，在最后修改的那个环节再来最终敲定文章的标题。如果实在是拿不定主意，可以拿出几个备选题目，让同事和朋友帮忙对比后给出选择建议。总之，文章的标题不得有半点马虎，多模仿多学习，建议尽早分门别类地建立起自己的常用模板标题库。

3.5 文章排版技巧

文章的文字内容写完之后，接下来需要我们对文字部分做排版处理，目的在于让文章的段落结构和样式更加符合大多数新媒体用户的阅读体验。完成这一步后我们再针对文中关键要点进行配图及图片处理。图片配得好，可以起到锦上添花的作用，因为图片具有视觉上的直观性，这是纯文字无法媲美的。文章排版就好比在给一个人做梳妆打扮，目的就是让文章看起来更加赏心悦目，使用户有继续往下阅读的欲望。文章排版技巧思维导图如图3-4所示。

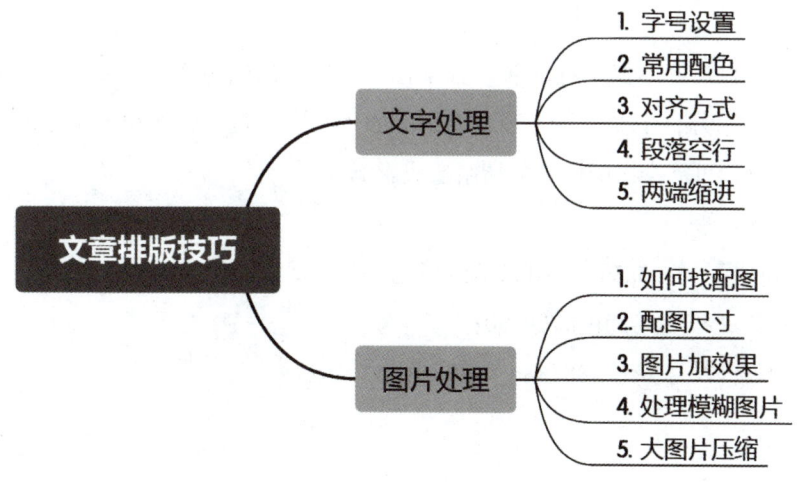

图3-4　文章排版技巧思维导图

3.5.1 文字处理

关于文章的文字排版处理，大致有以下几个关键点需要注意：

1.字号设置

字体的大小不同，所带来的视觉效果也不同，针对不同的人群也要选用不同的字号。有调查显示，40岁以上人群表示对阅读移动端14号字有点吃力，呈现排斥心理。而40岁以下人群表示14号字和16号字对他们来说没有什么区别。这就是年龄差异会影响到的细节。

比如以文字为主、图片为辅的文章，一般用16号字排版，但有的文章内容分配介于两者之间，就可以选择15号字，数值不是绝对的，可以自行调整数值来和自家公众号进行匹配。公众号设置的参数为：

比如以文字为主、图片为辅的文章，就可以设置正文字号为16px、文章内部标题字号为18px、注解字号为14px，数值也可以自行调整来和自家新媒体内容平台进行匹配。推荐参考字号设置如下：

- 正文：14～16px；
- 标题：16～18px；
- 注解：12～14px。

2. 常用配色

整篇文章的颜色最好不要超过3种。如果你具备较强的颜色搭配能力，可以适当增加，但建议不要太花哨。另外，不要选择饱和度太高的颜色，也就是日常所说的鲜艳的颜色。这些颜色看起来比较廉价，可能会对阅读者的情绪造成影响。

推荐配色方案参考：

- 正文：首选深灰色#5a5a5a、其次选纯黑色#000000（略显刺眼）；
- 标题 & 重点内容：暗红色#7b0c00；
- 注解 & 举例内容：灰色#888888、浅灰色#b2b2b2。

3. 对齐方式

文章内容对齐的常用方式有三种：左对齐、两端对齐和居中对齐。

- 左对齐

左对齐型排版，首行不需要缩进。文章每段首行缩进两个字符的排版并不适合新媒体排版的习惯，在纸质内容里每段首行缩进是为了告知读者文章进入了下一个段落。而在新媒体这种快速阅读媒介中，两段之间空出一行就可以，每段首行缩进反而有点多此一举。左对齐的排版方式适合干货类深阅读文章。

- 两端对齐

两端对齐的好处是，可以让每一行的文字长度相同，文章整体看起来更加工整。示例如图3-5所示。

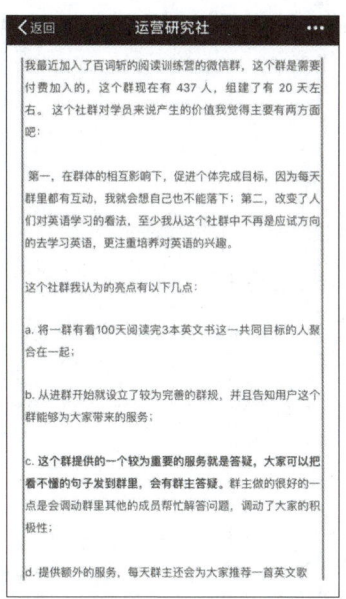

图 3-5　两端对齐示例

- 居中对齐

居中型排版，一般为一句话一行，视觉重点放在正中央，所以每行不宜过长，否则读者阅读起来比较费劲。这种排版适合娱乐类浅阅读文章。示例如图 3-6 所示。

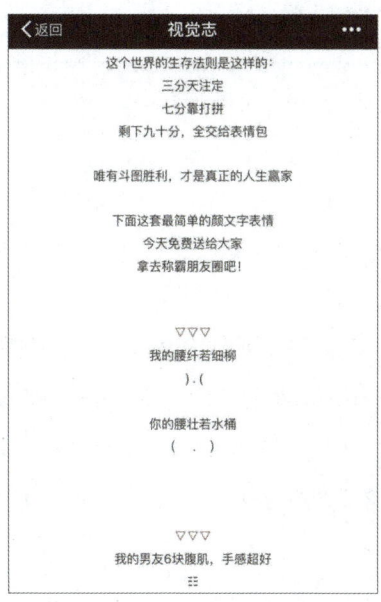

图 3-6　居中对齐示例

另外，不同的对齐方式不要混在一起用。否则就打破了整体上的视觉统一，阅读起来让人觉得不够舒适。

4.段落之间多空一行

段落太过紧凑容易让读者有一种莫名的压迫感，很容易在视觉上给人一种文章冗长的感觉。而段落之间多空一行的目的，主要是创造阅读时的"呼吸感"，从而降低读者的阅读压力，让其更愿意继续阅读下去。不空行和空行的效果对比如图3-7所示。

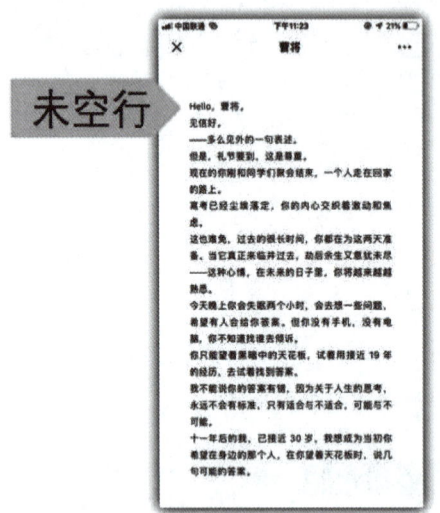
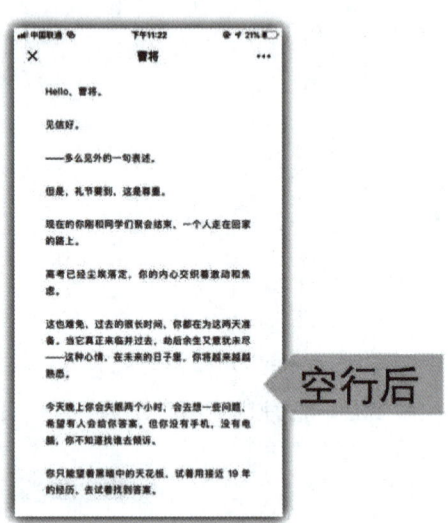

图3-7 空行对比示意图

5.两端缩进

设置文章两端缩进的目的是让文字往屏幕中间靠一点，左右有留白，阅读感更为舒适。一般来讲，比较舒服的设置是缩进16或者缩进32。示例如图3-8所示。

总结一下，在文字处理环节中，我们一般会做如下操作：①调整字号；②配色处理；③设置对齐方式；④段落间空一行；⑤设置两端缩进。

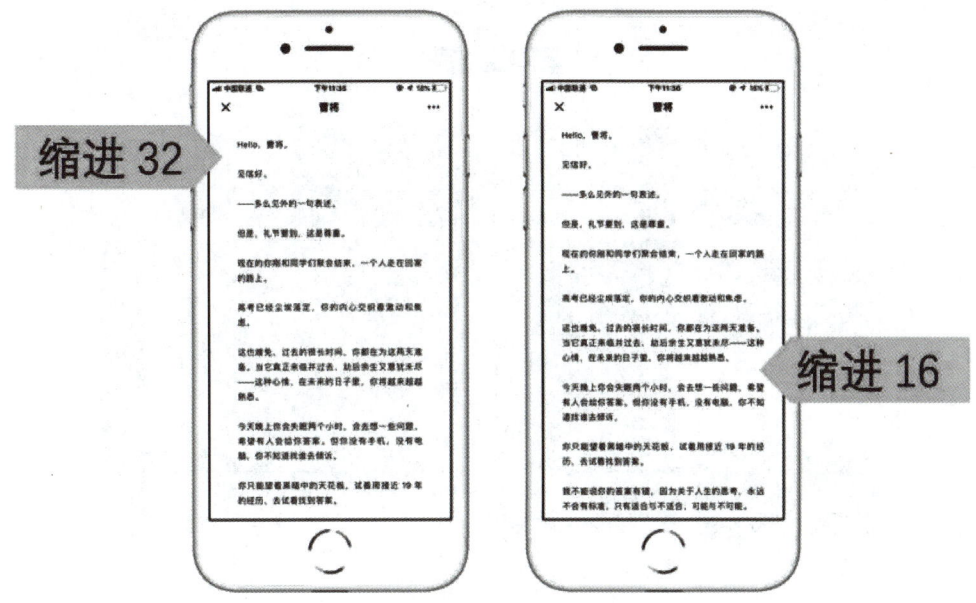

图 3-8　两端缩进示意图

3.5.2　图片处理

处理完文字部分，我们还需要寻找配图，以及对图片进行适当的调整和美化，这就涉及图片处理方面的操作。

1.如何寻找合适的配图

寻找优质高清图片对于新手创作者而言也是一件头痛的事，因为他们可能没有太多素材积累和找图经验。

先说一下笔者的心得：目前像今日头条号等平台已经开始支持编辑器内自动配图或搜索其提供的免费高清图库，所以能用它提供的现成图片是最好不过的。

有的平台暂时没有这种功能，则需要创作者自行寻找，这种情况下建议大家可以通过图片搜索引擎去寻找大尺寸的高清图，或在专业设计素材资源网站，比如国内的花瓣网（见图3-9）、国外的Pixabay网站等找到免费高清素材。

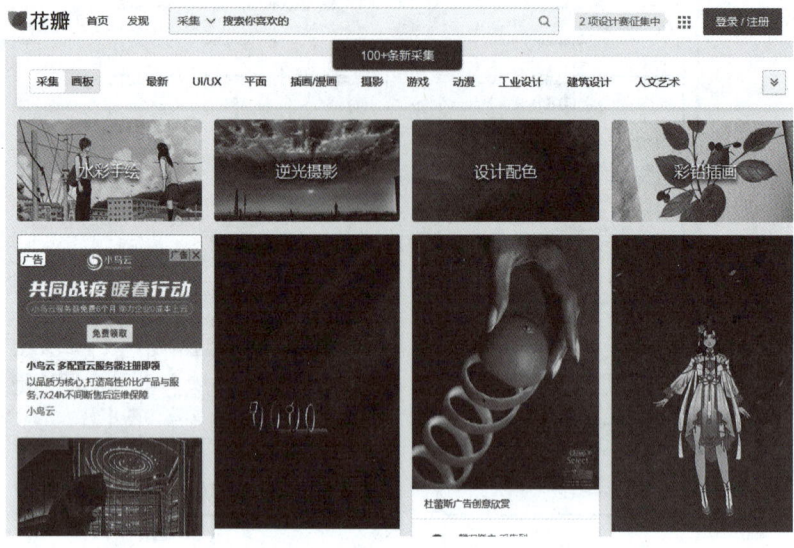

图3-9　花瓣网截图

下面是笔者从网络中收集的无版权高清图库资源站点，供读者参考使用：

● 静态图

花瓣网：http://huaban.com/

图虫：https://tuchong.com/

泼辣有图：http://www.polayoutu.com/

沙沙野：https://www.ssyer.com/

Unsplash：https://unsplash.com/

Pixabay：https://pixabay.com/

Pexels：https://www.pexels.com/

● 动态图

SOOGIF：https://www.soogif.com/

GIPHY：https://giphy.com/

● 动图制作

Screen to Gif：https://www.screentogif.com/

GifCam：http://blog.bahraniapps.com/gifcam/

● 图片设计

创客贴：https://www.chuangkit.com/

Fotor懒设计：https://www.fotor.com.cn/

2.配图尺寸

封面图尺寸一直都在变动，之前版本的公众号封面图比例为16∶9，换算成像素尺寸为900×500px。但微信改版后，封面图参数有了变化，目前信息流版本的封面图比例为2.35∶1，换算成像素尺寸为900×383px。

因为消息列表的不同，我们看到的封面图大小也不一样。星标和常读公众号看到的是2.35∶1的封面图，其他用户看到的是1∶1的封面图，具体比例图如图3-10所示。

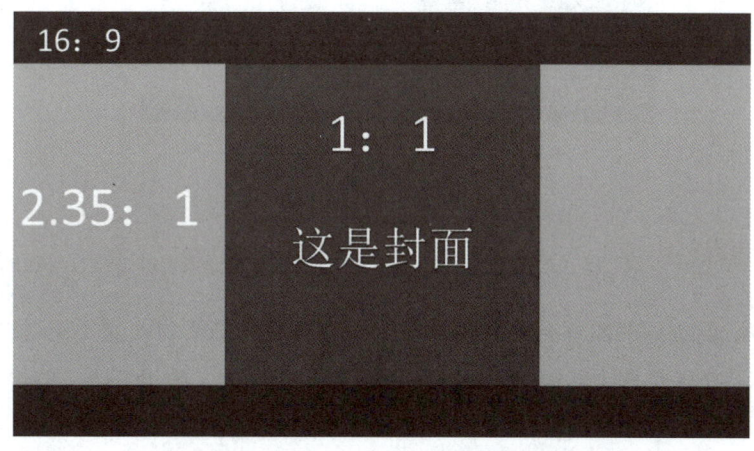

图3-10 封面比例图示例

其中，上下部分是原先的16∶9尺寸；左右部分是2.35∶1的星标和常读公众号显示的比例；中间部分是普通公众号1∶1的封面比例。所以我们在排版制作封面图时，需要注意图片表达的Logo、文字等重要信息的展示，标题字数一般控制在20字左右最佳。如果标题字数比较长，则建议折行调整到其他位置，避免显示不出来而影响标题的完整性。

3.如何让图片更好看

可以考虑给图片添加边框、阴影或圆角等效果，这样图片的内容与文字可以隔开，界限分明。

这里推荐美图秀秀这款图片批处理软件（见图3-11），可以很方便地对图片进行相应效果的批处理，不仅能节约时间，且很容易上手。专业级用户建议还是用Adobe公司出品的专业设计软件，这样处理图片也更灵活。

图3-11 美图秀秀图片批处理示例

4.如何处理模糊图片

很多时候,我们找到的图片会比较模糊,但没有可替代的素材。这类问题该怎么解决呢?在此,笔者推荐一个图片放大在线工具bigjpg.com(见图3-12),效果不错,值得一试。

图3-12 图片放大在线工具网站截图

5. 图片太大如何压缩

图片过大也是我们在排版时经常会遇到的问题，因为有些文章内容编辑后台所能支持的最大图片仅为2M。针对这种情况，笔者也推荐一款常用利器：图片在线压缩工具iloveimg.com（见图3-13）。

图3-13　图片在线压缩工具iloveimg.com网站截图

3.6　新媒体爆款案例拆解分析

对于新手而言，在做新媒体内容的过程中，当我们没有思路的时候，多研究一下新媒体大号并对其进行拆解分析，也许就能从中找到一些打造新媒体爆款内容的成功基因。

笔者选取了几个经典图文新媒体大号，针对内容创作层面进行了拆解分析，以飨读者。

3.6.1　案例拆解之"Spenser"

首先，来看一下"Spenser"这个号的定位，其微信公众号的简介是这样写的：百万青年集结地，金融职场老司机，懂职场、懂金融，更想懂你；其今日头条号的简介是：香港第一自媒体，百万粉丝公众号"Spenser"创始人（见图3-14）。从这里面，我们可以看出，微信公众号是它的传播主阵地。

我们可以这样理解其定位："Spenser"是一个主要针对年轻人的金融职场号，且内容以职场为主、金融为辅。

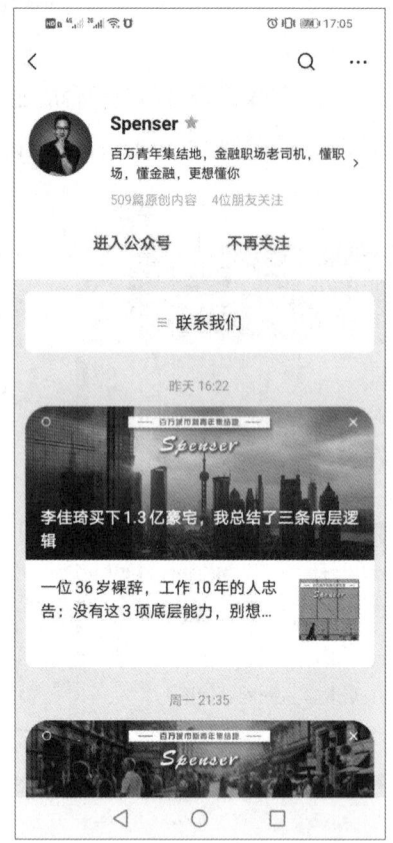

图3-14 "Spenser"的微信公众号和今日头条号截图

"Spenser"这个号的定位非常精准且标签稳定,在"Spenser"的一些简介中经常会看到"职场"和"金融"这两个重要标签。而且,随着其公众号的一步步成长,这两个标签几乎没有改变过。而且,其作者陈立飞围绕这个定位做了持续输出和跨界融合,所以"Spenser"这个号的个人品牌势能才得到了很大的提升。

其次,我们从内容特色上分析。"Spenser"的爆款文章往往都是标题新颖夺目,很擅长抓住人们的猎奇心理,从而获得很高的点击量;开头精彩,抓住人心,引起关注或共鸣,让人有看下去的欲望;内容主题鲜明,紧密结合热点事件,有自己的独特观点,擅长底层逻辑分析,并能以理服人,让读者阅读之后有很强烈的获得感,觉得收获满满;结尾更是醍醐灌顶、主题升华,且能促使用户主动转发。

最后,笔者挑选了"Spenser"最近发布的一篇爆文《李佳琦买下1.3亿豪宅,我总结了三条底层逻辑》来举例分析。

同样围绕热点事件,大多数作者只能从很表面的方面去写作,而很少从事物背后的深层逻辑出发去分析创作。而"Spenser"就很擅长深层逻辑分析创作，其针对"李佳琦豪掷1.3亿买豪宅"这件事，从个人事业高速成长的角度进行了选题，并剖析了其背后的底层逻辑，道出了本质（见图3-15）。

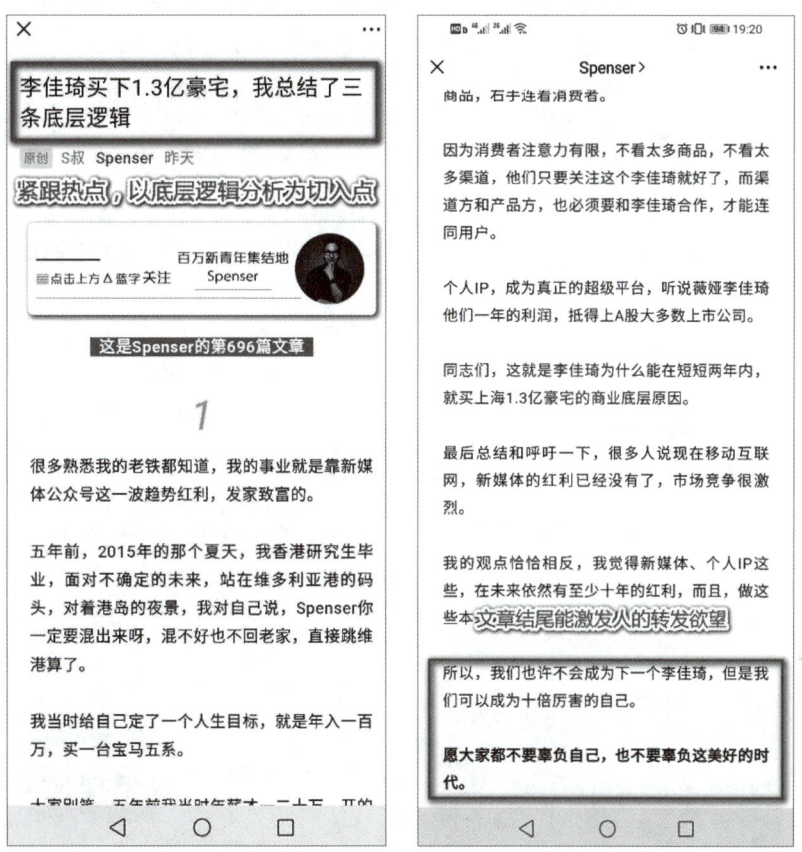

图3-15　文章局部截图

该文章标题具有蹭热度、带数字的特点，其文字结尾以"我们"和"大家"作为回归进行总结，本质上是为了拉近作者与读者间的距离，从而获得读者对该文章的认同，并激发读者的内心共鸣。这样的好文章怎能不让"Spenser"的铁杆粉丝为之主动转发分享呢？

3.6.2　案例拆解之"越女事务所"

首先，我们来看一下"越女事务所"这个号的定位，其微信公众号的简介是这样写的：感受金钱的善意；其今日头条号的简介是：读金融，读互联网，读理财，用经济的视角解释世间的一切。"越女事务所"这个号同样是以微信公众号作为传播主阵地。虽然它的今日头条号粉丝不算特别多，但是其微信公众号发布文章经常会阅读量有"10万+"的爆文,所以这个号的铁杆粉丝大量集中在微信平台。

从微信公众号和今日头条号对比来看,由于微信公众号是一个封闭的生态环境,它的流量主要来源于用户的分享和转发;而今日头条号则是一个开放的生态环境,它的流量主要是依靠头条平台的智能算法推荐。微信公众号平台适合做深阅读的图文内容,而今日头条号平台适合做浅阅读的图文内容。

"越女事务所"这个号的定位很简单优雅——"感受金钱的善意"(见图3-16)。这是一个以写金融类文章为主的号,附带一些互联网视角的解读。这个号改过名,之前叫"越女读财",可能为了未来具有更大的内容包含性,作者将其改名为以"越女"个人IP为主的新媒体号。

图3-16 "越女事务所"的微信公众号和今日头条号截图

其次,我们再从内容特色上分析。"越女事务所"的文章大多标题简短,口语化标题、悬念式标题和数字式标题居多,让人很有点击欲望;文章封面大多是一张原创插图,有时作者还会插入精心挑选的音乐供读者边听边看文章；文章内容短小精悍不啰唆，文章不长，但"干货"十足，小故事、小案例居多，还会有一些经验总结和推荐，其阅读体验和定位门槛要比一些专业的金融新媒体号要强很多；文章排版也是一大亮点，段落之间会空出一行，具有很好的阅读呼吸感；作者与用户的留言互动也非常频繁和有趣。

最后，笔者挑选了"越女事务所"最近的一篇爆文《时间紧迫，房贷必须二选一了》来作为例子进行分析（见图3-17）。

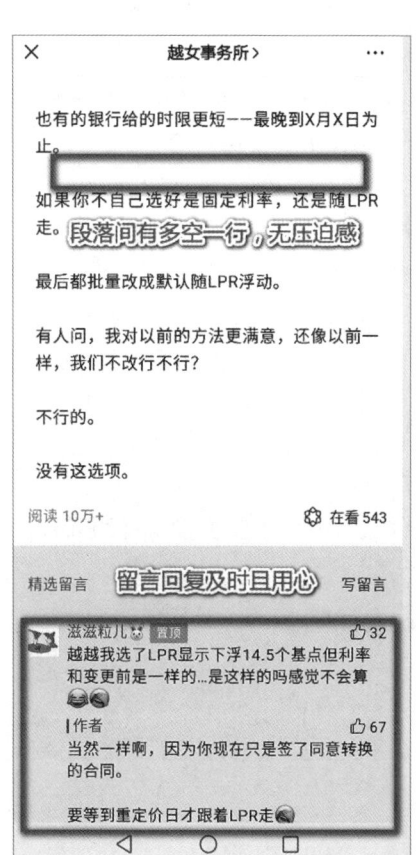

图3-17　文章局部截图

越女的文章同样是紧跟热点而创作，只要是她所熟知的金融范畴的热点事件选题，一般她都会写一写，而且她的更新频率也很高，几乎能做到每日更新，好在她的文章短而精悍。

越女的文章标题和作者署名都会写得非常口语化，其好处在于能让用户有亲近感，且通俗易懂，这也是众多专业的金融类新媒体创作者很难做到的一点。其文章的排版也颇具匠心，图不多但是很精练,还有伴随音乐可选,段落之间空出一行,用户阅读起来轻松且无压迫感。其与用户的留言互动也非常及时和用心。

3.6.3 案例拆解之"十点读书"

首先,我们来看一下"十点读书"这个号的定位。其微信公众号的简介是这样写的:深夜十点,陪你读书,美好的生活。好书/故事/美文/电台/美学。其今日头条号的简介是:读好书,关于好书,美文,书摘,连载,书店,书单(见图3-18)。"十点读书"这个号有点像当年的《读者》杂志,该号也是一个以图文内容为主的新媒体,只不过它是以MCN(Multi-Channel Network,内容制造商)机构的方式运作。

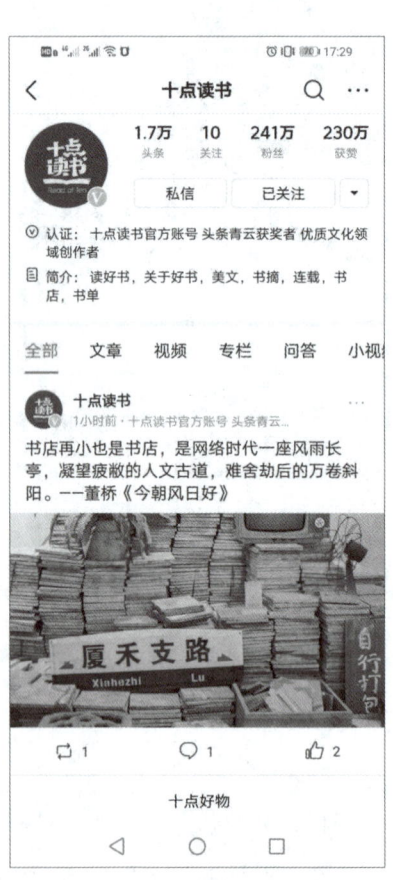

图3-18 "十点读书"的微信公众号和今日头条号截图

"十点读书"这个号的定位其实从它的号名就可以准确识别,它的定位就是分享好书、美文,并陪你阅读。而"十点"二字是在暗示其用户的阅读时间场景大约在晚上十点。可以说"十点读书"这个名字起得很好也很到位：每天晚上十点钟，读一点东西，培养了用户每天准时打开其公众号的习惯。

其次，我们再从内容特色上分析。作为MCN机构号的"十点读书"，其每天推送的文章大约为8篇，内容包含两篇情感类的文章、两篇技能类或有关自我成长的文章，再加上自创栏目、人物采访等一些原创。之所以要发那么多文章，是因为"十点读书"的粉丝群体的确很多，毕竟有"4000万+"的读者，必须给他们更多的选择，每个人的需求也不尽相同。

"十点读书"的情感类文章阅读量比较高，该号在挑选文章的时候都会站在读者的角度，一定是触动了内心且喜欢的文章，才会选择推荐给读者。另外，"十点读书"所推出的文章可读性也很强，文章中有一些知识性的内容，不仅细致，且观点鲜明。"十点读书"的文章整体很有品质，文字优美，且往往能打动读者的内心深处，该号的女粉丝也占了很大的比重。

最后，笔者挑选了"十点读书"的公众号主页和最近的一篇爆文《100-1=0这就是人性》作为例子进行分析（见图3-19）。

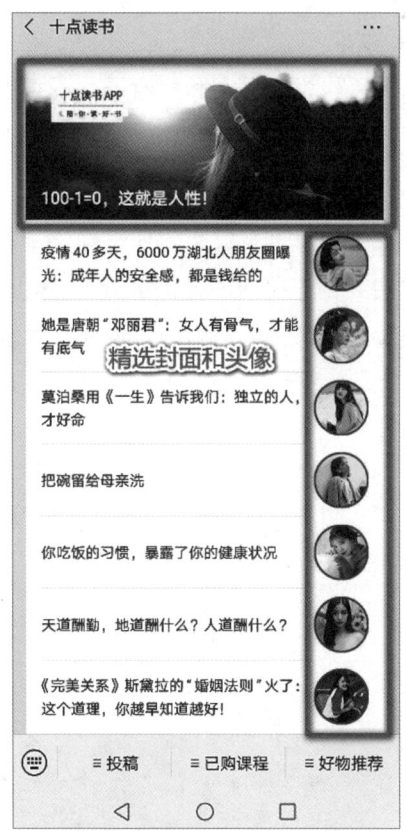 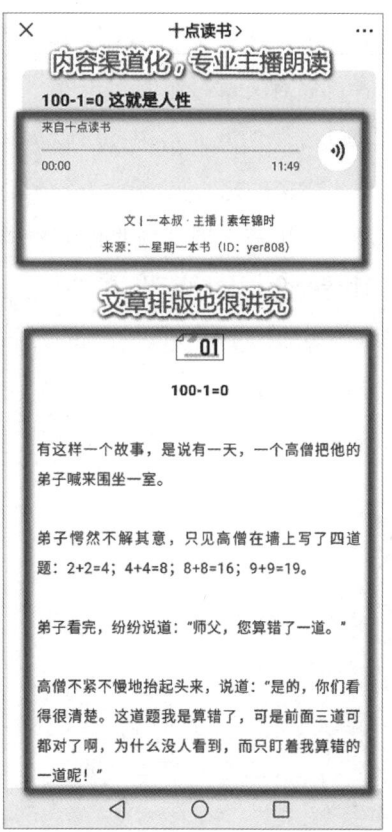

图3-19　文章局部截图

"十点读书"的文章大多以情感文化、人性剖析和自我成长为选题侧重点。从公众号主页上看，我们就可以发现该号的诸多优点：精选封面和列表图头像，文章标题基本都经过了精心雕琢，很值得参考学习。

机构号的优势在于有很专业的人来做文章排版等工作，所以"十点读书"的排版也很讲究，比如，小标题图片化、深灰色的文字颜色、段落之间空一行、两端缩进等。"十点读书"还有一个特色，就是它会邀请专业的主播来朗读文章内容，相当于用户由看文章变成了听文章，这样用户就有了一种舒适感。

3.7 小　结

在本章，笔者首先讲解了图文新媒体的基本概念，它是新媒体最开始流行的内容形式，而且图文内容创作相比于视频而言更强调"走心"。同时，我们对当下十大图文新媒体平台进行了罗列分析和对比，供大家在选择内容平台时进行参考。

其次，笔者再针对文章写作四大步骤，即选题、构思、行文和修改进行了详细阐述。笔者还整理了创作爆文标题的九大常用技巧以及文章排版的常用处理技巧。这部分知识点是每一个图文创作者打造出爆文的核心关键，请务必重点掌握并在日常加以写作实践。

最后，笔者选取了三个图文新媒体大号作为案例进行拆解分析，通过媒体号的定位、内容特色和作品点评等视角对热门新媒体大号进行了内容创作层面的详细解析。同时，笔者也希望能为各位读者抛砖引玉，大家可以针对自己重点关注领域的大号进行拆解分析，取人之长，补己之短，这样会成长得更快。

第 4 章　音频新媒体创作

听音识人，意思是可以通过一个人说话的音色和语速去识别这个人以及他的性格特质。在线音频市场是依靠网络数字技术构建的以声音为传播形式的"耳朵经济"。音频新媒体模式的优势在于门槛较低，有稿、有麦或手机就行，制作音频内容相对较容易。同时，用户可以随时随地收听音频内容，音频新媒体在伴随性场景中的优势极其明显。如果你拥有一副好声音，并掌握音频节目的创作技巧和方法，那么你将很容易在音频新媒体的赛道上卡位成功。

4.1 概　述

新媒体平台众多，如果你擅长写作，那么可以开一个公众号写写文章，这无疑是最佳选择；如果你颜值高，镜头感不错，那么就开个直播当主播；如果你声音甜美，喜欢语音表达，那就创建一个自己的电台节目，用声音吸引粉丝，塑造个人的音频品牌栏目。

4.1.1　早期发展历程

音频新媒体的发展历程要从最开始的移动播客说起。苹果公司于2005年在iTunes上推出播客并上线了3000个节目。而后在2011年，蜻蜓FM上线发布，它是国内首家网络音频应用平台。2013年，国内FM音频应用市场迎来了多家重量级产品发布：荔枝FM、喜马拉雅FM和考拉FM等。至2016年，主流移动电台平台用户规模已达到接近上亿规模。

现如今，音频媒体在移动互联网技术的加持下，逐渐形成了移动在线音频（简称在线音频）新媒体这样一个全新格局。所以，音频新媒体当下的主战场就是在线音频市场。在线音频是指通过网络流媒体播放、下载等方式，利用智能手机、车载音响、智能家居等终端收听音频的业务总称。

在线音频具有内容丰富、使用便利等特点，其伴随性的特征满足了用户碎片化收听的核心需求。随着4G、大数据、移动支付和相关软硬件技术的发展，在线音频的应用场景及商业模式正愈加成熟，成为移动端用户追捧的娱乐消费方式，如图4-1所示。

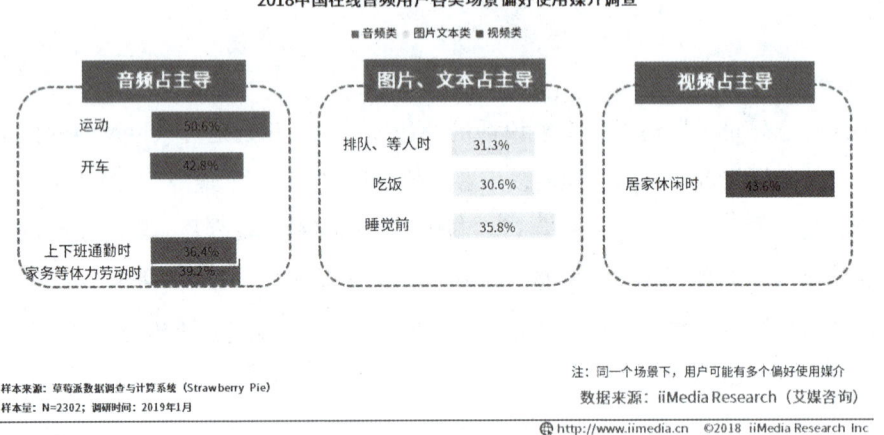

图4-1　在线音频在伴随性场景中优势凸显

目前，在线音频市场主要包括移动电台、有声阅读和音频直播三部分。经过多年发展，移动电台、有声阅读市场趋于稳定，音频直播市场正逐渐崛起。

移动电台是以娱乐类音频内容为主的模式，早期主要是音频的分发渠道，如今呈现平台化，更多参与和延伸到上游内容制作以及下游场景分发中。

有声阅读是以出版类长音频内容为主的版权模式，早期主要表现为上游环节的有声内容生产，包括出版物、网络小说等内容的有声制作，现阶段部分内容制作方也自建了分发渠道。

音频直播于2016年登场，2017年逐渐形成了以互动类音频内容为主的打赏模式，早期阶段集中于PC端，后逐渐向移动端转移，商业模式以主播与听众进行语音互动获取打赏为主。

4.1.2　在线音频行业进入成熟期

我国在线音频市场的发展大致经历了四个阶段，分别是探索阶段（2010～2012年）、市场启动阶段(2013～2014年)、高速发展阶段(2015～2017年)和应用市场成熟期(2018年之后)。

在探索阶段，音频内容的价值开始显现，优秀的个体音频内容创作者逐步出现，但市场接受度还不算很高。这一时期，豆瓣FM、蜻蜓FM等移动电台相继上线。

市场启动阶段，移动音频电台平台逐渐发力，针对不同应用场景的内容生产趋势出现。喜马拉雅FM、考拉FM相继上线开始分食市场。

进入高速发展阶段，UGC（用户生成内容）迎来爆发期，同时PGC（专业生成内容）版权价格激增。值得注意的是，到了这个阶段，在线音频用户数量过亿，在线音频大势增长时期到来。此外，各平台内容差异化愈发明显，版权争夺加强，场景布局起势。

步入2018年的应用市场成熟期，不同平台盈利模式逐渐明晰，也更加多元化。自此以后，寡头竞争形态将初具规模。

在政策、经济、技术和社会需求的强力驱动下，在线音频模式被重新定义为"耳朵经济"。在线音频行业整体发展稳步向前，且这个市场也已被广大互联网用户所广泛认识。据艾媒咨询数据报告，2019年中国在线音频行业用户的规模大约有4.89亿人，增长率为10.8%，用户增长速度开始逐步放缓（见图4-2）。

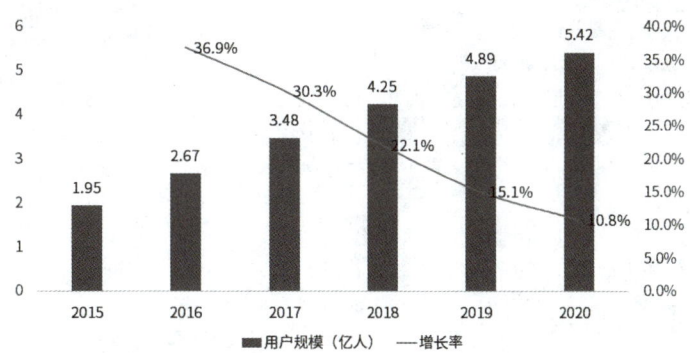

图4-2　2015～2020年中国在线音频行业用户规模及预测（来源：艾媒咨询）

4.2　在线音频产业链与平台选择

自2018年开始,在线音频行业进入成熟期并形成了包含内容提供方、服务支持方、在线音频平台和用户共同形成的完整产业链。就在线音频内容平台而言,在经历过早期的多方厮杀之后,现已形成以喜马拉雅FM、荔枝FM和蜻蜓FM为三巨头的市场格局。

良禽择木而栖,好的鸟儿会选择适合自己生存的地方落脚,作为音频新媒体的创作者该如何选择适合自己的平台呢?本节笔者就来为各位总结一下,以供参考选择之用。

4.2.1　在线音频产业链

首先,我们通过来自艾媒咨询报告中的"中国在线音频行业产业链"结构图(见图4-3),可以清楚地看出整个在线音频产业链的构成。

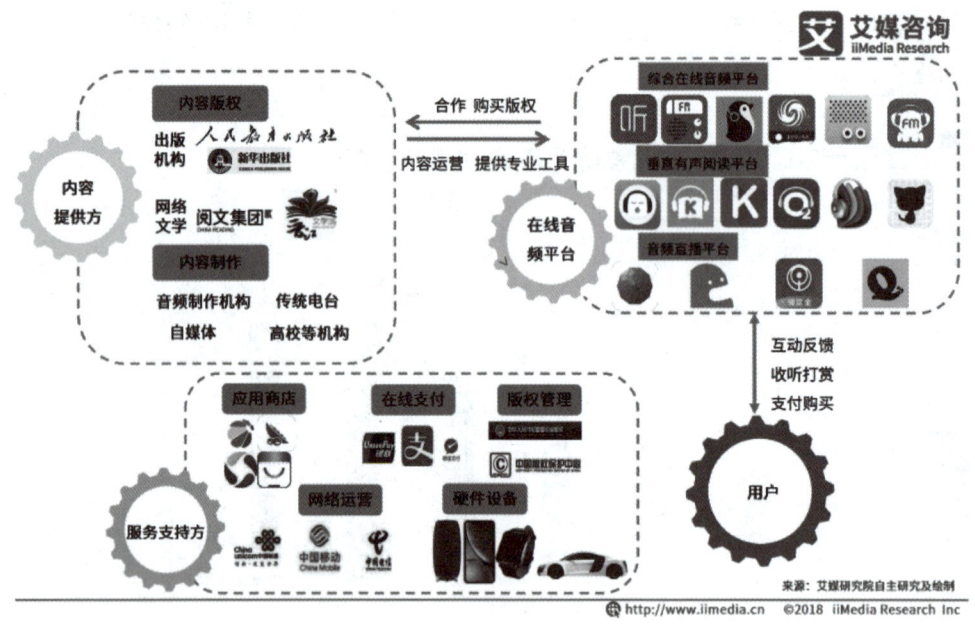

图4-3　中国在线音频行业产业链

在线音频行业产业链的上游是内容提供方,包含内容版权和内容制作;而在线音频平台则是产业链的下游,它负责合作、购买上游版权以及音频内容运营,在线音频平台含有三个市场,即移动电台(综合在线音频平台)、垂直有声阅读平台、音频直播平台。相比上游而言,作为产业链下游的在线音频平台其地位要更为核心。

终端用户最终通过互动反馈、收听打赏和支付购买来完成产业链闭环。而由应用商店、在线支付、版权管理、网络运营和硬件设备所组成的服务支持方则是作为产业链的配套服务，为整个在线音频产业链提供服务支撑。

根据Quest Mobile的统计数据，截至2019年6月，中国在线音频平台App月活跃用户数排行如下：喜马拉雅FM的MAU（月活跃用户数）为7873万人，荔枝FM的MAU为1646万人，蜻蜓FM的MAU为1389万人，企鹅FM的MAU为568万人（见图4-4）。

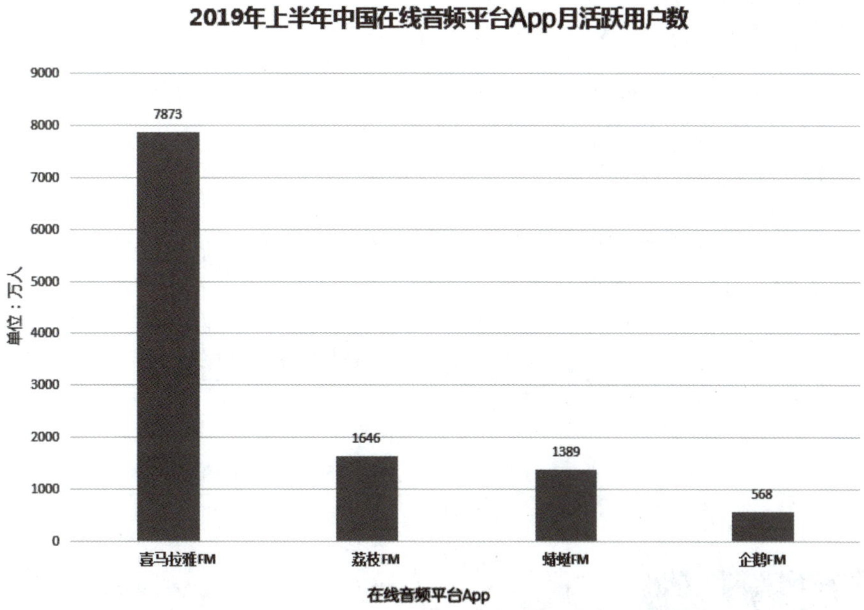

图4-4　2019年上半年中国在线音频平台App月活跃用户数

由此可见，我国在线音频行业已呈现出一超多强的竞争格局。另据中国网络视听节目服务协会发布的《2019年中国网络视听发展研究报告》显示，目前国内在线音频市场格局一家独大，喜马拉雅FM处于第一梯队，处于在线音频市场领跑地位，而荔枝FM、蜻蜓FM、企鹅FM则排在第二梯队。

4.2.2　在线音频平台如何选择

音频新媒体与图文新媒体在内容上有一个较大的不同点，就是优质音频内容的来源一般是专家学者、著名作家、流量明星、网红大V、行业KOL以及专业的内容生产机构；而图文新媒体的内容来源更注重自我原创。所以如果创作者在写作上没有太多的天赋，但是在播音方面有所特长，那么真的可以考虑通过在线音频平台来打造自己的音频新媒体品牌。

在线音频行业的内容平台运营方可按照内容、场景和交互的侧重点大致分为以下三类。

侧重内容的平台方主推PUGC（Professional User Generated Content，专业用户生产内容或专家生产内容）模式，是指在线音视频行业中将UGC+PGC相结合的内容生产模式。一般为付费内容和有声读物（有声书）两种形式，分别以喜马拉雅FM及其生态圈和得到App、樊登读书会为代表。侧重场景的平台方主要抢占车载场景和睡前场景，分别以考拉FM和蜻蜓FM为代表。侧重互动的平台方主要功能为语音直播，以荔枝FM为代表。

平台的好处在于给各位音频创作者提供了一个展示和销售"声音作品"的渠道，它具有流量池的作用。同时，优秀的平台会在运营上给予创作者更多的帮助扶持，从而让创作者更用心地专注于音频节目创作。

下面笔者就来为读者罗列一下市面上的头部在线音频平台，最后给出相应建议。在线音频平台思维导图如图4-5所示。

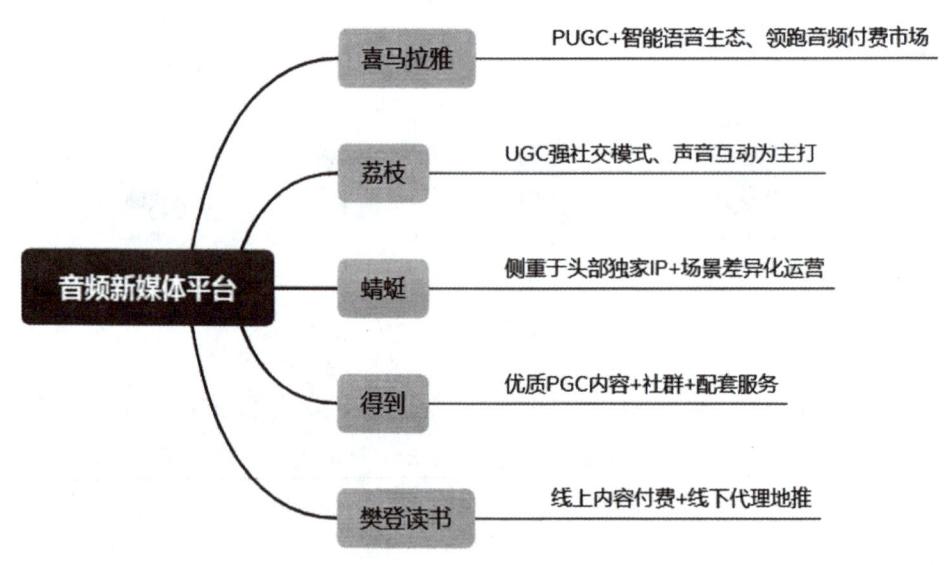

图4-5　在线音频平台思维导图

1.喜马拉雅FM

网址：https://www.ximalaya.com

喜马拉雅（见图4-6）是知名的在线音频分享平台，总用户规模已突破6亿，2013年3月手机客户端上线，目前已成为国内发展最快、规模最大的在线移动音频分享平台。2014年内完成了两轮高额融资，为进一步领跑中国音频领域奠定了雄厚的资金实力。截至2015年12月，喜马拉雅音频总量已超过1500万条，单日累计播放次数超过5000万次。在移动音频行业的市场占有率已达73%。

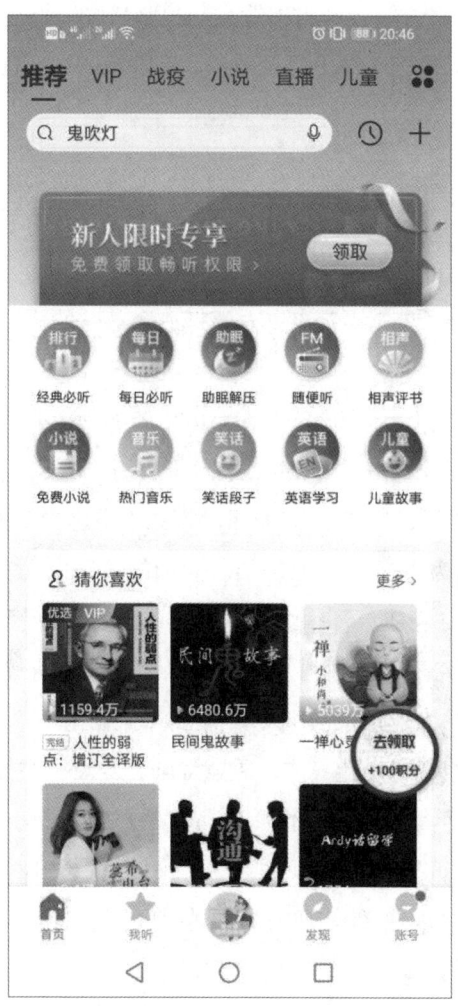

图4-6　喜马拉雅App截图

喜马拉雅作为在线音频领域的早期玩家，依托先发者的海量用户及播讲人数量红利，奠定了"人海战术"优势，并领跑音频付费市场。

喜马拉雅的内容生产模式由"PGC+UGC+独家版权"构成，在付费内容领域具备先发优势，并整合了海量内容与播讲人资源，构建起PGC精准分发的内容生态。目前，喜马拉雅FM拥有超过10000节音频课程，囊括了市场上70%的畅销书版权，超过2000位知识网红、20万认证播讲人以及500万播讲人，其中以马东——《好好说话》、蔡康永——《201堂情商课》、郭德纲——《郭论》等大咖及其团队产品为代表。

在线下智能家居领域，喜马拉雅FM也寻求抢占先机。自2017年6月发布小雅AI音箱后，2017年9月，喜马拉雅FM与格力联合推出内置喜马拉雅FM的首款智能冰箱；2018年，喜马拉雅FM推出了Inside 2.0，覆盖了智能闹钟、智能马桶、智能冰箱、智能音箱、宝宝故事集和智能灯等硬件。

2.荔枝FM

网址：https://www.lizhi.fm

荔枝是一款声音互动App（见图4-7），致力于打造全球化的声音互动平台，帮助人们展现自己的声音才华。荔枝集录制、编辑、存储、收听、分享于一体，依托声音底层技术积淀，可在手机内完成录音、剪辑、音频上传和语音直播。2020年1月17日，UGC音频社区荔枝（原荔枝FM）在纳斯达克挂牌上市，正式成为"中国在线音频行业第一股"。

荔枝主打"人人都是播客"，以"UGC强互动模式"构建青年人的音频社交平台。2018年1月10日，荔枝FM正式更名为"荔枝"，转向语音直播的差异化竞争。

荔枝的核心战略为声音自媒体、音频强互动社交和跨界互动模块。声音自媒体包括UGC内容、播客学院、声音价值研究院，音频强互动社交涵盖了语音直播、语音社交和语音游戏，而跨界互动则包括声音艺术展、专业Live演唱会直播和声音邮局。

在内容方面，荔枝重视声音自媒体养成，重点加强自身草根主播的培养，陆续举办了"最强周星争夺战""好声音招募令"等比赛网罗优质主播资源。

在技术方面，荔枝拥有直播万人连线系统、ASMR（自发性知觉经络反应）等直播技术、串流解码技术等能够支撑大规模语音直播的技术和系统，并于2018年1月上线了ASMR黑科技。

在社交方面，荔枝主页主推"情感""音乐""二次元"等直播交互社区，实时"荔枝打赏"，用声音交朋友。但社交转化最终仍导流到微信等即时通信平台。

图4-7 荔枝App截图

3.蜻蜓FM

网址:https://www.qingting.fm

蜻蜓FM（见图4-8）上线于2011年9月,是国内首家网络音频应用,以"更多的世界,用听的"为口号,为用户和内容生产者共建生态平台,汇聚广播电台、版权内容、人格主播等优质音频IP。蜻蜓FM总用户规模突破4.5亿,生态流量月活跃用户量1亿,日活跃用户2500万,平台收录全国1500家广播电台,认证主播数超35万名,内容覆盖文化、财经、科技、音乐、有声书等多种类型。

图 4-8　蜻蜓FM应用截图

在睡前场景中，蜻蜓FM着力头部资源独家版权，发力场景差异化营销，成为"睡前"赢家。

蜻蜓FM取得了众多优质的头部资源。其中，蒋勋的《细说红楼》获得2.3亿播放量、高晓松的《矮大紧指北》获得1.1亿播放量。此外，许知远的《邂逅图书馆》、朱亚文的《最美情书》、杨晨的《为你催眠》也登陆了蜻蜓FM。

对于收听睡前音频的听众而言，听音频不再是单纯娱乐，而是辗转难眠时的安眠良药，也是一天劳累后自我疗愈的方式。这显示了睡前音频有别于其他娱乐方式或收听场景的独特作用。

蜻蜓FM着力打造睡前场景需求，不断的"睡眠暗示"强化了用户依赖感。

4. 得到App

网址：https://www.igetget.com

得到（见图4-9）是一款可以听音频、学通识课程、看电子书、看直播、记笔记的软件，有130门独家专栏课程，汇聚罗振宇、薛兆丰、梁宁、万维钢、吴军、香帅、宁向东等各个领域的专家学者，有专业说书人为用户解读经典好书，上万本精排电子书供读者选择，得到致力于服务所有终身学习者。

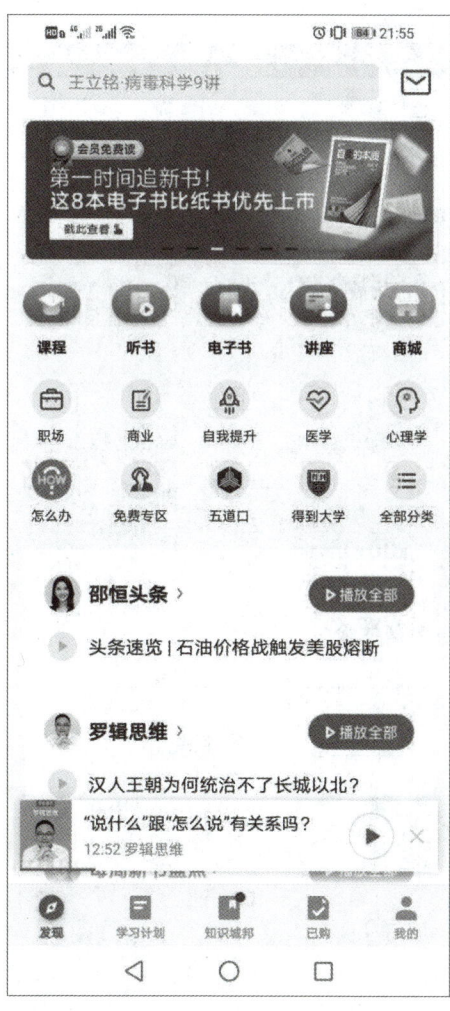

图4-9 得到App截图

在有声读物方面，得到App以"优质PGC内容+配套服务"驱动用户付费。得到App用户存量远不及喜马拉雅,故而另辟蹊径,坚持走优质PGC(专业生产内容)路线,对付费产品的品控极为重视。得到App还加强了配套服务,采用学习跟踪模式,阶段性激励用户提高参与感,并通过社区化运营等模式提高用户黏性。

5.樊登读书App

樊登读书App(见图4-10)每周为用户更新一本书的精华解读,以音频、视频等方式满足多场景的学习需求,解决"没有时间读书、不知道读什么书、读书效率较低"的难题。

图4-10　樊登读书App截图

樊登读书高度聚焦、专注于精品内容和线下活动，其中以代理模式形成的樊登读书会是其一大推广特色。樊登读书会推介界面简单，内容清晰，推送频次为一周一本。考虑高频次推送会增加用户的接收压力，且容易降低成就感，樊登读书会保持了低频次、窄范围的推送，这是基于团队的书籍筛选能力和用户对其输出内容的认可。

樊登读书会建立了 400 万付费会员的"线下王国"，目前拥有省级分会 19 家、市级分会 248 家、县级分会 724 家、行业分会超过 500 家，在海外还有 42 家分会。

综上，各在线音频平台在发展方向上已展开明显的差异化竞争。喜马拉雅FM侧重于PUGC+智能语音生态以及海外市场尝试；荔枝FM侧重于UGC强社交模式+粉丝圈层经营；蜻蜓FM侧重于头部独家IP+场景差异化运营；得到App侧重于高品质内容付费（线上社群+衍生服务）；樊登读书App则侧重于线上内容付费+线下代理地推。所以，打算从事音频新媒体创作的小伙伴最好根据自己的喜好和特长来选择适合自己的在线音频平台。

4.3 抓住需求玩转音频新媒体

新手如何从零开始策划和打造一款音频节目？下面笔者从用户需求和策划步骤两方面展开阐述一下。

4.3.1 抓准在线音频用户需求

在"定位"一章中，我们说过：洞察用户需求是营销的第一直觉，了解什么是消费者真正的需求，才是这个时代营销的制胜关键。所以，就音频新媒体而言，创作者应该首先挖掘在线音频用户的使用需求是什么情况，这样才好有的放矢。图4-11是艾媒数据中心发布的有关2019年中国在线音频用户使用原因统计表。

该统计显示：在线音频用户使用在线音频主要以"放松身心"和"休闲娱乐"为目的，此外，"排解情绪""打发时间""缓解孤独""知识学习"等紧随其后。这在一定程度上反映出在线音频用户的泛娱乐化休闲需求较大。

有别于视频和文字类内容获取渠道，在线音频产品通过声音传播内容，能够很好地解决用户的伴随性场景使用痛点。此外，用户的多元化需求、特定群体的个性化需求也日益受到关注。

在线音频用户娱乐需求较大

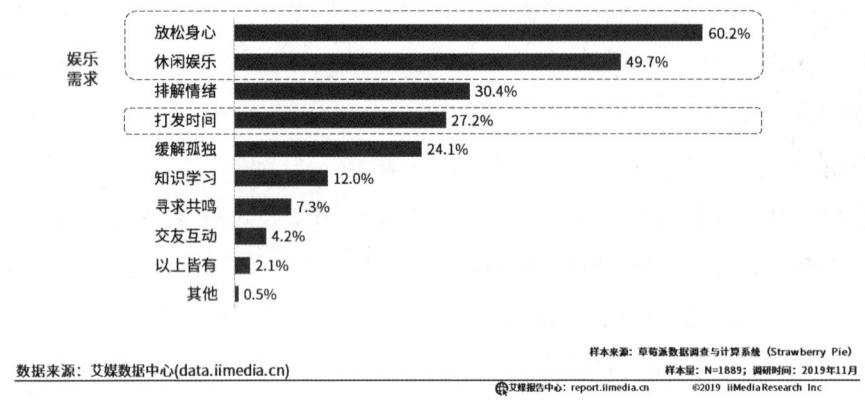

图4-11　2019年中国在线音频用户使用原因（来源：艾媒咨询）

在线音频行业发展核心仍然是内容生态的建设，在政策、平台、资本三方协力推进内容建设，以及合适的商业模式赋能下，未来在线音频行业有望维持较高的热度发展。在用户端的普及、内容供给、内容服务创新上，该行业也将进一步完善。此外，在使用场景方面，智能化、沉浸式、互动式的体验场景也将有所拓展，如图4-12所示。

内容生态建设持续推进，向细分化、场景化发展

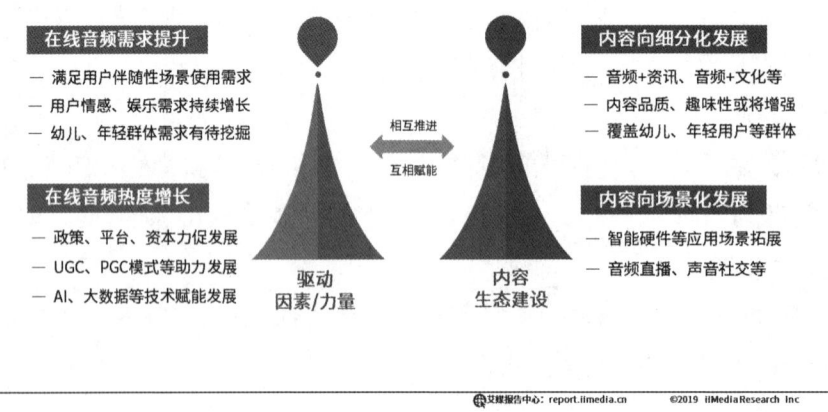

图4-12　内容生态建设持续推进，向细分化、场景化发展（来源：艾媒咨询）

现阶段，喜马拉雅FM、荔枝FM、蜻蜓FM等在线音频平台通过造节狂欢、品牌营销等方式积极拓展付费市场，促进音频行业内容消费升级。随着用户对品质化、功能性内容的需求增强，在线音频用户的付费意愿将逐渐提升（见图4-13）。

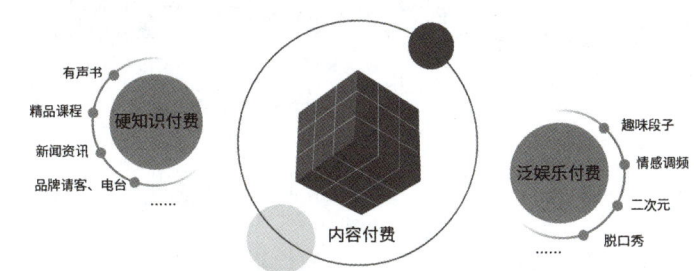

图4-13　在线音频内容付费意愿提升，泛娱乐付费市场有望增长（来源：艾媒咨询）

在音频付费内容方面，之前以泛成长类、专业充电类这样的硬知识付费内容为主。随着在线音频市场的发展，伴随用户年轻化、休闲方式碎片化的特点，在硬知识付费市场之外，趣味段子、情感调频、脱口秀等泛娱乐休闲节目类型需求日益增多，泛娱乐在线音频付费市场有望进一步扩大。

4.3.2　七步玩转音频新媒体

新手该如何从零开始玩转音频自媒体？笔者建议可以尝试从以下七个步骤进行实践操作。音频新媒体创作步骤思维导图如图4-14所示。

1. 注册音频平台

选择适合自己的音频平台进行注册并认证，这样对音频节目的排名和曝光都会有好处。同时，建议创作者提前想好人格化的IP名字，做好用于VI设计识别的头像以及特有声音识别片段。这些都是为了让你未来的粉丝能更好地记住你的音频节目品牌。

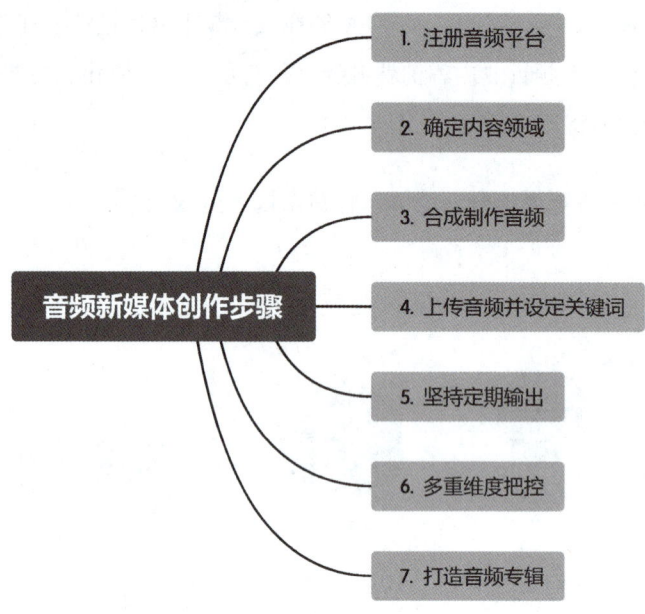

图 4-14 音频新媒体创作步骤思维导图

2. 确定内容领域

确定要做的音频内容领域,其实就是营销中定位的思想。不要想着所有领域都做,那样只会让流量无法精准。做房产领域的就只发布与房产相关的音频内容,做金融就只发布金融领域的音频,做母婴领域的就只发布与母婴相关的音频内容,这样做有助于让账号定位更加精准,权重值更高,用户更垂直,平台相应的扶持就更多。

3. 合成制作音频

一般而言,一个完整的音频内容需要有开场、主内容和结尾,这类似于电影的片头、片中和片尾。所以我们需要将可以经常复用的开场和结尾的音频片段和音频主内容进行合成,还可以适当在中间或结尾添加一些广告音频,来包装成一个完整的音频节目。广告不建议放在开场,这样很可能会无法通过审核,也可能会引起听众的反感。

4. 上传音频并设定关键词

将制作完整的音频内容上传到音频平台,同时我们需要设定音频节目在平台上显示的关键词。标题关键词要力求是听众能够很容易搜索到的热词,且能够吸引人的眼球,激发网友的点击欲望。同时关键词要能体现出音频节目内容的核心要素。

5. 坚持定期输出

大部分人是很难做到每日更新的，我们在刚开始时可以设定一个比较合理的目标，比如一周更新1～2次。定期更新输出音频内容的好处，在于粉丝也会定期去收听你的音频FM节目。长此以往，粉丝就会形成一种惯性，在不知不觉中就形成了用户黏性，从而使用户不会轻易取消关注你的音频号。

6. 多重维度把控

音频平台账号的权重值取决于活跃度、健康度、互动性和完播率多个方面，我们只有在多个方面进行多维度的把控，方可有效提高自己账号的权重值。每天多使用这个账号去收听或发布内容，会提高活跃度；多发布积极、正能量的内容，无违规内容发布，可以提升账号的健康度；多与粉丝互动、积极回复评论等，可以增加互动性；音频内容尽量做得短小精悍，有"干货"而不拖沓，会让听众更愿意听完一整段音频内容，完播率就在无形中提升了。

7. 打造音频专辑

专辑其实就类似于一个专栏，最好能在刚开始做音频内容时就策划好音频专辑的内容框架，再通过一定时间的音频发布，将内容搭建为一个音频专辑，这样更有利于自己品牌的传播。专辑的封面切记不要有过度诱导或夸大的成分，专辑名称要尽量契合大众的搜索需求，要用SEO关键词优化的思维角度去给专辑起名。

4.4 录制音频节目的四个技巧

音频新媒体最主打的特色是声音优势。如何让录制的音频节目更受听众的喜爱呢？我们不妨尝试以下几个小技巧来提升音频节目的品质感。

首先，建议创作者提前备稿，以保证录制时流利顺畅。

这一点很重要，稿子请务必提前看一遍甚至几遍，不要粗略浏览，最好能把不确定的字音查一下。这样就不至于在正式录制音频时发生多次磕巴、一句话读不顺溜、断句过多的现象。

其次，朗读时投入感情，顺带笑意。

很多新手录制出的声音会让人听起来感觉冷冰冰的,给人很严肃、刻板的印象。针对这种情况,录制者只需要勾勾嘴角,尝试带着笑意来朗读,效果就会不一样。

再次,朗读时要放松身心,自然表达。

很多人从上学读课文开始,就带有很浓厚的背诵痕迹,让人一听就像在背课文。正确的方法是放松自我从而让自己身心愉悦,尝试用很自然的方式去表达即可。

最后,保持语速适中,不要拖音。

拖音也是大部分新手常会出现的问题,原因有很多:眼睛跟不上嘴巴、嘴巴跟不上眼睛、自认为读太快等。判断是否拖音很简单:录制好后跟你喜欢的一期节目作对比,高下立见。要改善,提提语速就好,循序渐进,这样会越来越棒。

4.5 录制音频需要规避的六大硬伤

音频新媒体既然属于"声音经济",那么创作者就要在录制音频的过程中尽可能保证声音效果的品质,切忌出现以下常见硬伤,导致影响听众的听觉感官效果。

1.喷　麦

喷麦也叫爆麦、炸麦,一般出现在读爆破音时。这种情况一般是由于距离手机太近,所以控制好距离即可避免。建议用耳麦录制,音质会更好,录完一段试听时也会更敏感地发现问题。

2.音量过小或过大

若气息不够,声若蚊蝇:一般在录音之前放声朗读5分钟以上,把声音打开,会很有效果。

若气息过足,震耳欲聋:这种情况需要录制者有意识地压低一点儿嗓门,渐渐形成习惯才好。

3.环境噪声、自身移动噪声

录音机很敏感,旁边有人说话、有人走动、马路上有车开过,或有任何比较大的响动,都会收进录音里。

尽可能减少环境噪声的方法如下:

(1)录音时关门关窗。注意不要在太过狭窄或太过空旷的房间里录音。空间太过狭窄会让声音很闷,太过空旷会自带混响。

（2）录制过程遇到杂音，停顿下来，等杂音过去把刚刚那句再录一遍，录完后一起剪辑就好。如果把人声和杂音重合在了一起，那么后期剪辑基本是帮不上什么忙的。

（3）自己的身体不要有大幅度移动。移动必然带来杂音，可能我们的耳朵没有注意，却会实实在在地收录进录音设备里。

（4）不要穿摩擦声太大的衣服录音。身体不经意一动，摩擦声就会录进去。

（5）耳机线不要碰撞手机。这是在用耳机录音时常会出现的杂音问题，把耳机线握住或者放在碰撞不到东西的地方，能避免杂音。要知道，耳机线距离手机上的收音口这么近，一个细小的碰撞，录出来的可能就是炸耳朵的杂音。

4.口水音

保持口腔平衡的湿润度可以有效避免口水音。有经验的音频主播大多有以下小妙招：如吃苹果，多喝温开水，打开口腔注意保持与话筒之间的距离，观察自己容易发出口水音的字或调整舌头位置来规避该问题。

5.普通话不标准

普通话尚未纠正标准的情况下想要录音，不要退缩，大胆上，录音的那几分钟把普通话问题当成透明的，录完再说。纠正普通话是一个没有捷径的过程，需要长期来练习和修正。

6.设备自带杂音

这是硬件所导致的问题，可能是音频录制设备的听筒存在故障或者电路有问题。建议维修设备或重新购买相对更适合做音频节目的设备来录制音频。

4.6　新媒体爆款案例拆解分析

做音频新媒体的创作者相比图文和视频新媒体而言要少一些，因为一般人往往会忽视音频这种新媒体形式，同时做音频节目还得有一副好嗓子。另据艾媒咨询的报告：在线音频、移动阅读、移动视频用户月收入分布中，在线音频的中高收入用户占比是最高的，即高端用户人群居多。这从侧面说明，在线音频平台能够在更碎片化的伴随性场景中为用户提供信息内容，更适合中高端人群内容获取需求。

从爆红的知识大V罗振宇、樊登和马东所创作的作品来看，这些就是依靠音频这种方式逐步走红的。而知识类音频商品的受众正好就是高知人群，他们大多时间比较有限，而一边做事一边听音频节目这种伴随性场景正好符合了这类人群的时间特点。

笔者就此选取了几个音频新媒体的爆款案例，对其进行拆解分析，以供读者参考。

4.6.1 案例拆解之"好好说话"

"好好说话"（见图4-15）作为喜马拉雅倾力打造的首款音频付费节目，长期霸占精品栏目的销售榜首，该音频节目已成为喜马拉雅的赚钱利器。马东主创团队在爆款网络综艺节目"奇葩说"中呈现的说话技巧获得了大众认可，正是基于说话之道这一年轻人的交际刚需，喜马拉雅用短音频的形式从沟通、说服、谈判、辩论等角度与大家分享生活中的说话技巧。

图4-15 《好好说话》音频节目截图

"好好说话"音频节目最大的亮点就在于实现了短音频的体系化课程化输出，时间碎片化与知识系统化的结合大大增强了其教授技能的实用性。节目的课程短小精悍、干货十足，时长大多在5～8分钟，内容则开门见山地提出场景性极强的问题，如辩论"父母喜欢泼冷水怎么办？"，然后展示真实案例，让听众能直接进入代入性思考，最后总结出方法论，针对性、实用性极强。"好好说话"的课程简介和节目清单截图如图4-16所示。

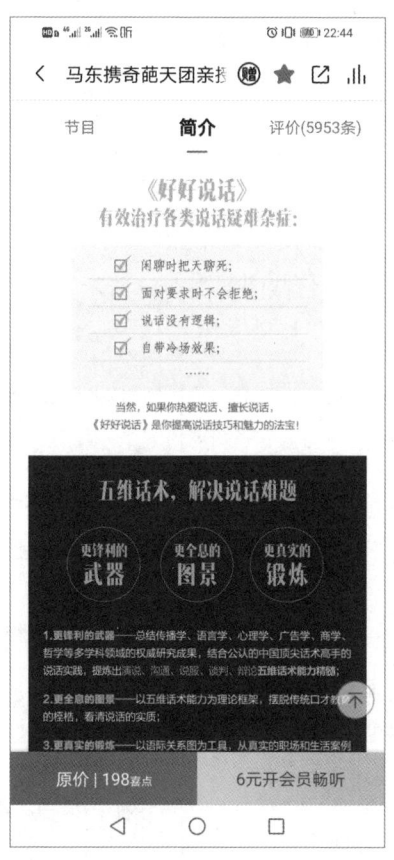

图4-16 "好好说话"课程简介和节目清单截图

喜马拉雅官方数据显示，198元的"好好说话"上线当天销售额突破500万元，而截至目前，其总销售额已突破4000万元，260余期节目的总收听量达近5000万次。

从"好好说话"这款爆款音频节目的成功可以看出，优质的音频节目依然会有大量的粉丝会为之买单；直击广大刚需人群痛点的音频节目具备了很好的流量基础；体系化、场景化的知识类音频节目具有很强的实用性，容易得到听众的认可。

4.6.2 案例拆解之"罗辑思维"

"罗辑思维"是罗振宇所做的知识型脱口秀节目,从2012年12月21日开播至今,已更新迭代至第七季。作为一款经久不衰的知识类音频节目,其成功的背后必然存在一些关键因素,下面笔者就从三个方面进行详细剖析。

其一,清晰的品牌定位。

"罗辑思维"的成功同样离不开其成立之初就立下的品牌定位:"有种、有趣、有料"。《罗辑思维》以"和你一起终身学习"为号召,以积极上进的"80后"和"90后"年轻人群为目标群体,推崇自由主义与互联网思维。

同时,罗振宇将自己定位于"书童"的角色,打出"死磕自己,愉悦大家""做大家身边的读书人"这样的口号。这种明确的定位,使"罗辑思维"的产品形式不论如何变化,都能保持着强大的生命力。"罗辑思维"音频课程节目截图如图4-17所示。

图4-17 "罗辑思维"音频课程节目截图

其二，高质量的内容品控。

在"互联网+"时代，注意力成为一种稀缺资源，而吸引注意力的关键就是不断为用户提供高质量的内容。作为创始人的罗振宇，十分注重推送内容的质量。例如，为保证每天早上60秒微信语音的推送质量，罗振宇一般会重复录制很多遍，以达到最佳的效果。

他在创办得到App产品后，更是推出了《得到品控手册》（见图4-18），将高质量内容创作以及知识服务的全部心法和方法阐述其中。"罗辑思维"的持续发展，正是源于其坚守高质量内容品控的创作原则。

图4-18 《得到品控手册》

其三，多渠道传播和多样化互动。

从最初的网络视频脱口秀，到微博、微信公众号，再到图书、微刊、电子杂志以及得到App，"罗辑思维"不断进行产品形态和传播渠道的创新，以便能够始终保持用户的关注度。

另外，"罗辑思维"的创新，还表现在推动社群成员由线上连接走向线下互动，建立起成员间的"强关系"。互动是社群持续成长的基础，也是增强社群成员认同感与融入感的最佳途径。"罗辑思维"充分发挥了互联网自媒体开放、多元、共享、共赢的特质，通过各种形式的互动，为成员创造价值，从而极大地提升了成员的品牌黏性。

4.6.3 案例拆解之"牛大宝"

知识类的音频新媒体大V多为一些知名大咖，比如马东、罗振宇、郭德纲等，他们往往自带流量,所以拥有一定的听众基础。那么有没有普通人做音频新媒体做得很成功的案例呢?有,牛大宝(王国良)(见图4-19)就是这样一个普通东北文化流民,他通过在喜马拉雅上做声音主播完成了人生逆袭。2019年福布斯中国发布了国内30岁以下精英榜,许多有声书听众惊喜地在候选名单中发现了牛大宝的名字。

图4-19 喜马拉雅实力主播 "牛大宝"

牛大宝在接受采访时说过:"有声主播不是一般人可以做的,干这份差事需要极高的情商和反应能力。"还有他的二人转师父也曾教他:"好的演员都是半个心理专家。"牛大宝凭借其东北人特有的搞笑天赋,以及他身上所具有的高情商、韧性和江湖气,让他在有声主播之路上走得更加长远。

他的年轻粉丝都喜欢叫他"宝叔叔",三年前,牛大宝劝住了一个试图轻生的失恋少年。当时牛大宝正和往常一样直播,突然收到一封来自"老粉丝"的"遗书"。这位粉丝年仅18岁,辍学后辛苦摆摊卖卤菜,刚攒下10万元却被"女朋友"骗走,于是起了轻生的念头,当时人已经在阳台。牛大宝顿时感到事态紧急,立马用微信语音劝说少年放弃轻生,最终成功把少年劝下阳台。直播间的听众都见证了这一幕。这也是最让牛大宝感到特别有成就感的一件事。

牛大宝每天在吃完中饭才开始工作,两个小时的干音(指未处理的原始录音),他需要录4个小时能达成。这在行业内已经算是很高效了。一目十行,嘴里念的、眼里看的和心里想的各不相同,才能在录干音的时候达到一个较高的效率。之后这份干音会传送给喜马拉雅的音频编辑,经过适当的音效处理和编辑即可成为喜马拉雅上众多付费音频产品中的一个条目。

图4-20是牛大宝在录音室中的工作状态。

图4-20 "牛大宝"的作品专辑

正因为牛大宝特有的韧性,他在录制音频时,即使是嗓子突然哑了,还是会继续录。就是这么一点一点的坚持,期间几乎没有大涨大跌,牛大宝成为喜马拉雅的"头部有声主播"。除了

新媒体营销精华：精准定位+爆款打造+匠心运营+内容变现

录制有声书，牛大宝还直播了464次，累计时长达到1300多小时，他所播出的故事收听时长已达2.38亿小时之多，约等于2.7万年。

4.7 小　结

在本章，笔者首先阐述了音频新媒体的早期发展历程，以及目前在线音频行业所处的发展阶段。同时，笔者还对在线音频产业链做了一定的介绍，这里面最核心的是产业链的下游：在线音频平台。然后，笔者对几大主流的在线音频平台进行了分析，以供读者后期参考。

其次，笔者阐述了如何抓住用户的实际使用需求，并建议用"七步法"来做音频新媒体的实战工作。关于录制音频节目的四个技巧，以及需要规避的六大硬伤，希望创作者能在具体实践中加以运用和注意。

最后，笔者选取了三个音频新媒体爆款案例进行拆解分析，通过定位分析、产品分析、人物特点分析等不同角度对爆款案例进行了较为翔实的剖析，希望借此能帮助有志于从事音频新媒体创作的朋友们。

第 5 章　视频新媒体创作

眼见为实，意即亲眼所见才是真实的，而视频的优势就恰好在此。网络在线视频市场在经历了传统PC互联网时代的多年发展之后，现如今正凭借新一代移动互联网技术重新焕发出新活力。直播和短视频正是在线视频移动化的全新表现形式，本章有关视频新媒体的内容就以直播和短视频为重点对象来进行解析。视频新媒体创作相比图文和音频而言，其难度应该是最大的，因为视频新媒体创作者需要具备"听说读写演"这五大综合能力。但同时，视频新媒体的传播效果也是最佳的，因为视频有更强的视觉冲击力和感染力。如何在视频新媒体这一重要赛道上占位成功？笔者将在本章详细剖析。

5.1　概　述

经过十多年的长视频混战，腾讯视频、优酷和爱奇艺在PC互联网末期最终形成三足鼎立的格局。

近几年，直播和短视频日渐火爆，从刚开始"千播大战"的混乱格局，到现如今形成抖音、快手这两家可以"分庭抗礼"的短视频超级平台，视频新媒体进入了最后的博弈期。这其中的发展历程是怎样的？下面笔者就来为读者一一道来。

5.1.1　直播的发展历程与前景

近年来，随着智能手机的大量推广和4G网络的全面普及，视频消费的时间和空间的限制被打破了，政策监管的规范化、用户消费的需求以及资本市场的青睐，推动着中国直播市场的规模化发展。

国内的直播产业起步于2005年，最开始大家接触到的直播大多来自早期的YY语音直播、9158在线主播聊天室和六间房的PC端秀场。当时的直播内容也没有现在这么丰富，美女星秀和歌舞表演成了直播界最开始的主流项目。不过在这个阶段，一个直播公会里如果有一位人气主播的粉丝能达到万人，那基本上已稳坐这个公会的一哥一姐地位，毕竟在那个年代，直播市场远不及现在这么火热。

2011年，游戏直播出现了萌芽，美国Twitch TV从Justin.TV分离，独立成为全球首家游戏直播平台，主打游戏视频的直播与互动。

2013年，秀场直播进入黄金期，资本纷纷开始布局，早期的YY、9158、六间房地位愈发稳固，且陆续上市。互联网巨头新浪、百度、网易、搜狐也开始入局PC端秀场直播领域。

2014年，游戏直播进入发展期，YY游戏直播上线，美国的游戏直播逐步带火了中国的游戏直播市场热度。随后，国内的斗鱼、战旗、虎牙、熊猫、全民等一系列直播平台的相继崛起，带动了PC端游戏直播产业的快速发展。同时，大批以前做过视频解说的高人气解说人，例如小智、miss、小苍等，纷纷加盟各大直播平台，还有电竞职业选手退役后也加入直播平台中，这才共同促进了直播行业的迅猛发展。

从2015年开始，秀场直播进入转换期，由PC端开始转移到移动端，互联网巨头和创业公司都有入局。此刻，泛娱乐直播开始起步，它同样源于美国的Meerkat、Periscope等移动直播。同年，映客、熊猫等泛娱乐移动直播App开始层出不穷，甚至一度出现当年最火爆时期的"千播大战"局面。

直播观众也逐渐从计算机转到手机直播观看的阵营中来，从而成就了现在移动直播市场的火热行情。从一个简简单单的手机App逐渐成为一种年轻人生活中的娱乐项目，不得不说直播无论是在"吸金能力"方面还是在吸引眼球的能力方面都不是一般强悍。

在新一代移动互联网技术升级的推动下，在线直播行业发展继续加速，2018年，用户规模达到4.56亿人，较2017年增长14.57%，2019年更是突破5亿人（见图5-1）。

图5-1　2016～2020年中国在线直播用户规模及预测（来源：艾媒数据中心）

经历了直播产业近些年的高速发展，截至2019年6月，中国直播行业市场规模超过700亿元人民币产值，并且直播产业在未来三年有望实现过1000亿元产值（见图5-2）。

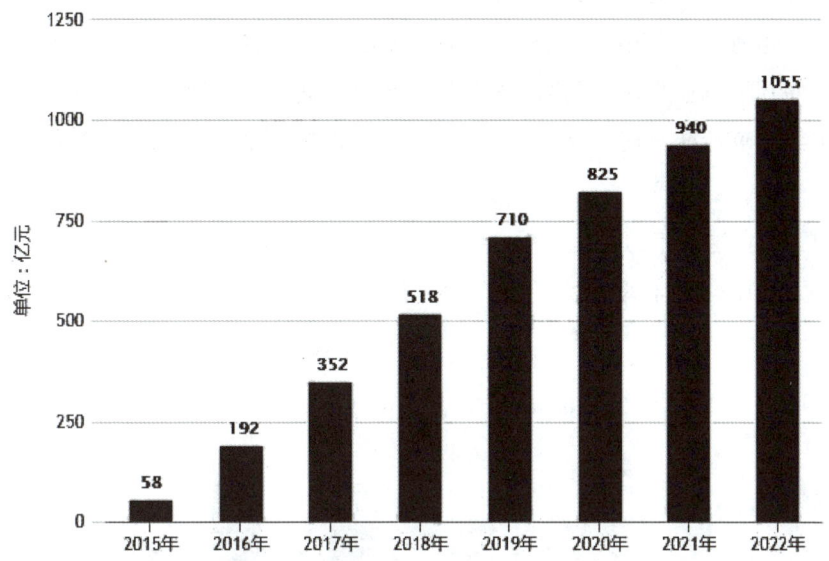

图5-2　2015～2022年中国直播行业市场规模统计情况及预测（数据来源：前瞻产业研究院）

迅猛发展的直播行业同时也造就了一批主播网红，可以说网红经济和直播是相辅相成、互相促进的。直播就是网红的孵化器，打造出了许许多多的直播网红，而网红同时会反向支撑起直播平台，两者相因相生共同向前发展。

5.1.2　短视频发展历程与前景

短视频是指在各种新媒体平台上播放的、适合在移动状态和短时休闲状态下观看的、高频推送的视频内容，时长一般在5分钟以内。

国内短视频行业的萌芽期是从PC端开始的，起始于2004年，早期仅作为长视频的一种补充形式。土豆网、56网和激动网均拥有用户上传视频内容的功能，是较为初期的UGC视频分享网站。PC时代的短视频逐渐起步，此时的内容大多为搬运国外的优质内容，或者加工和改编长视频。最早的恶搞短视频《一个馒头引发的血案》，即为加工改编电影《无极》而来。

2012年，短视频行业进入探索期，快手、秒拍、美拍等视频平台迅速发展起来，短视频的价值开始日益显现。

2016年，短视频行业迎来了快速崛起，Papi酱依靠搞笑吐槽类短视频在网络上一炮而红。同年，抖音短视频、梨视频等短视频App相继上线。自此，短视频App迎来爆发式大增长。

2017年，短视频行业进入发展黄金期，短视频红利开始凸显，各路资本大举进入并加速布局短视频市场。此刻，短视频用户规模和使用市场也随之大幅扩增。

2018年，短视频行业步入成熟期，短视频市场格局逐步开始稳定下来，头条视频、土豆视频开始转型升级，商业变现模式也逐渐清晰。整个短视频行业监管制度日益完善，市场格局趋于稳定。

随着短视频行业这几年的飞速发展，中国短视频用户规模在2018年已达5.01亿人，增长率为107.0%，预计2019年增长率有所下降，用户规模约6.27亿人（见图5-3）。

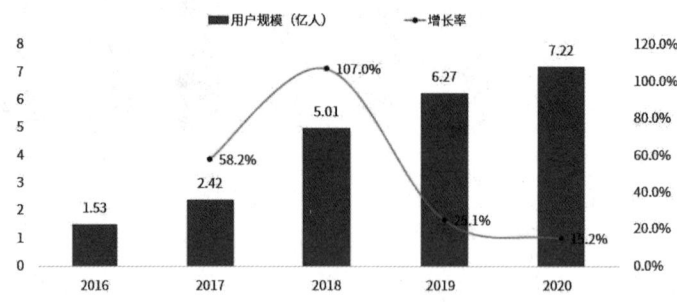

图5-3　2016～2020年中国短视频用户规模及预测（数据来源：艾媒数据中心）

据相关数据显示，2019年中国短视频市场规模已突破200亿元产值，2020年则将会向400亿元产值挺进（见图5-4）。

短视频内容的丰富性和形式的多变性可以为品牌提供更碎片化、立体化、沉浸式的营销内容体验，短视频广告市场的规模将保持增大态势。同时，伴随着5G商用的进一步落地和高科技的应用，短视频行业将迎来新一轮的创新发展。

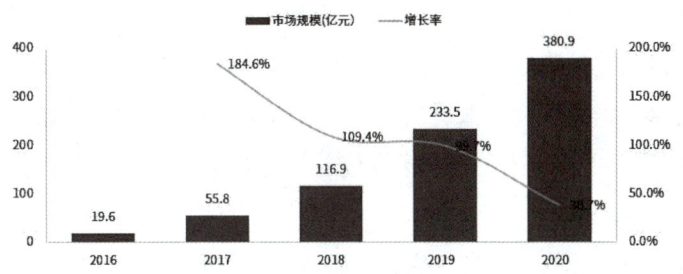

图5-4　2016～2020年中国短视频市场规模及预测（数据来源：艾媒数据中心）

5.1.3　直播与短视频的区别与融合

直播和短视频作为视频新媒体的双子星，在二者的发展过程中，直播率先带火一波热度，之后短视频开始火爆起来，因为短视频的创作成本较低且传播效率更高。现如今，直播和短视频在各大移动视频App平台又呈现出一些融合迹象，主打直播的App可以发布短视频，同时主打短视频的App也可以开启直播功能。这两者对于视频新媒体创作者而言，究竟有何具体区别与融合关系，我们该如何二选一？下面笔者来详细剖析一番。

1.创作门槛的区别

直播的门槛高，短视频门槛低。

做直播平台的主播一般需要加入公会，然后由公会经纪人来负责对主播进行包装和推广，单纯靠个人颜值或实力的主播毕竟是少数。如果没有多少铁杆粉丝就直接上直播，可能会面临无人观看的尴尬境地。

而短视频的创作门槛就要低得多。短视频行业有一句很经典的话叫"一个人要出名只需要15秒"，只要你的短视频有一个情绪爆点就能彻底引发观众的大量点赞与转发。而且，有些无意中拍的短视频也会在不经意间火爆全网。目前，短视频的创作工具已非常成熟，人人都可以随时参与短视频的创作，短视频行业生态环境已逐渐完善。

2.边际交付时间成本的区别

直播的边际交付时间成本无法趋近于零，短视频的边际交付时间成本趋近于零。

直播因为其每一次内容交付都需要建立在实时性上，所以它更像是一次性服务，虽然每次服务的粉丝对象非常之多，但是下一次服务时，创作者就必须重新奉上全新的服务。直播属于比较"笨重"的移动互联网服务，且不便于分享和传播，所以直播无法享有复制带来的边际成本递减效应。

短视频其实可以看作长图文的升级版，它具备很强的社交属性，用户可以很方便地通过转发、分享等社交方式来"病毒式"地传播短视频。所以短视频享受到了复制带来的边际成本递减效应，最终的效果就是全网都成了短视频平台的外部平台，从而使短视频的边际交付时间成本趋近于零。

3.核心盈利模式的区别

直播盈利主要靠粉丝打赏礼物和直播电商带货，而短视频盈利则主要依靠广告收益和平台补贴。

看直播能为主播打赏的大多为铁杆粉丝，主播和铁杆粉丝之间建立有一定的强信任关系。短视频则更体现出了流量优势，看短视频的不一定都是铁杆粉丝，用户可能觉得这个短视频戳中了自己内心的情绪痛点。所以，我们才看到有些短视频的浏览量很高，但不一定都很赚钱，短视频创作者依然需要通过开直播来进行流量变现。

2018年至今，直播App大战早已结束，短视频领域的头部效应也愈发明显，尤其以抖音和快手两家头部短视频平台表现得最为优秀。直播和短视频也在逐渐走向融合和互补，重量级、电商带货和深度粉丝互动的内容一般以直播这种视频形式来呈现，而轻量级、快节奏和用于初步吸引粉丝的内容则用短视频来打造，直播和短视频已成了互为补充的关系。

5.2 直播产业链与平台选择

直播产业经过这么多年的发展，现如今已形成完备的产业链结构，直播平台也在此发展过程中不断涌现和更替。本节笔者将为读者解析一下直播产业链以及各直播平台的对比以供读者做选择。

5.2.1 直播产业链解析

直播行业产业链主要由广告主、内容提供方、直播平台、受众用户、技术支持方、版权方以及监管部门共同组成（见图5-5）。

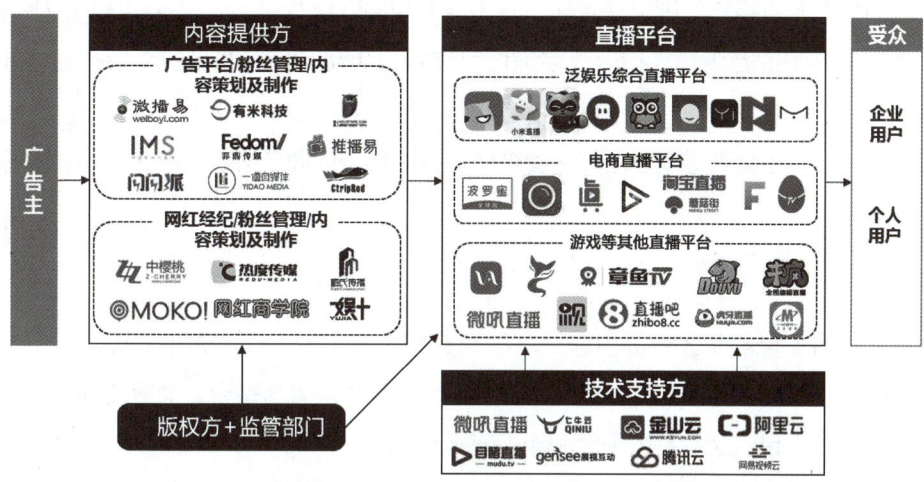

图5-5　中国直播行业产业链

在这个直播产业链结构图中，内容提供方处于产业链上游。直播内容提供方包括网红主播、经纪人、公会、内容策划、版权方等。内容提供方是用以生产内容和打造网红产业的链路核心。

主播分为个人主播、受经纪公司或公会培训管理的签约主播、网红主播，她们是直播平台内容的直接提供者，也是平台营收的主要贡献者。

经纪人和公会对大量的直播资源进行整合，对主播进行统一化管理，并建立培训制度。直播平台通过与公会经纪公司合作，能够缩减一定的主播管理成本。公会经纪公司还会对旗下主播进行培训或参与运营活动，以提高收入。直播平台一般会引入多家公会经纪公司来避免一家独大，保持平衡。

随着直播内容的多样化，直播内容版权方也在逐渐扩大，其在产业链中的地位也越来越显著。目前的直播内容版权方规模较大，但大多较为分散，集中化程度较低。

直播平台处于整个产业链的下游，它是用以支撑主播以及内容的运营核心链路。根据其功能核心，直播平台大致分为两大类：综合直播平台和垂直直播平台。

其中，综合直播平台是与主播高度相关的直播类型，直播的主要内容在于观众和主播的交流互动，偏泛娱乐化，不限垂直行业，且带有较强的情感色彩和社交属性。垂直直播平台则是以某垂直细分行业为核心的带有直播功能的平台，比如电商行业有电商直播平台、游戏行业有游戏直播平台、教育行业有教育直播平台等。垂直直播具有目标明确、行业垂直度较高、互动率较低的特点。

技术支持方在整个直播产业链中处于保障层的位置，包括视频云服务、支付方、智能硬件等。没有它们，整个直播产业则无法运转，更不会有现在直播行业稳定发展和繁荣的景象。

版权方一般参与的是版权直播，大多为电视直播、活动及自制节目的直播平台，版权直播的互动频率相对较低。

最后，直播平台还会受到政府监管，管理、规范主播个人和公会经纪公司，质检直播内容。

5.2.2　八大直播平台对比分析

关于直播平台的分类，大致分为 综合直播平台 和 垂直直播平台。如果需要 细分，则可以分为：生活直播平台、娱乐直播平台、电商购物直播平台、游戏直播平台、教育直播平台、体育直播平台、财经直播平台、公益直播平台和企业直播平台等。

这些细分类直播平台正好与图5-6是一一对应的。我们做一个简单的归类：生活直播和娱乐直播可以划归为泛娱乐综合直播平台，除此之外的其他直播类型则可划归为垂直直播平台。

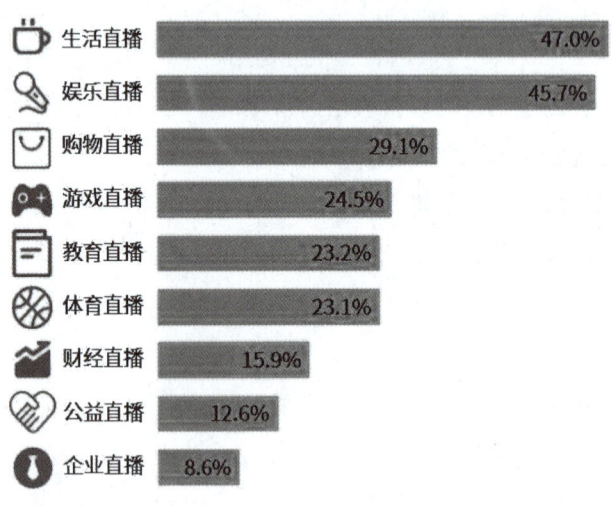

图5-6　2019年Q3中国在线直播用户观看直播主要类型

从图5-6中可知，由生活、娱乐所组成的泛娱乐综合直播所占的比例是最大的，其次是电商购物直播，然后是游戏直播、教育直播等类型。这些直播类型基本上属于直播用户的强需求。

下面笔者就来针对这些强需求直播类型的平台进行罗列分析，以供后期读者打算直播时做参考和选择。

1. YY直播

网址：https://www.yy.com

YY直播（见图5-7）隶属于欢聚时代YY娱乐事业部，是国内网络视频直播行业的奠基者。目前，YY直播是一个包含音乐、脱口秀、户外、游戏等内容在内的国内最大全民娱乐直播平台，注册用户达到10亿人，月活跃用户数量达到1.22亿。YY直播最早建立在YY语音的平台基础之上。YY直播在PC端的月均活跃用户数排名一直很靠前，且在娱乐类内容直播平台中处于头部位置。

图5-7　YY直播PC端截图

2. 花椒直播

网址：https://www.huajiao.com

花椒直播（见图5-8）是聚焦"90后""95后"的强社交属性泛娱乐移动直播平台。该平台已有数百位明星入驻，用户可以通过直播了解明星鲜活、接地气的一面。花椒推出上百档自制直播节目，涵盖文化、娱乐、体育、旅游、音乐、健身、综艺节目、情景剧等多个领域。不论是脱口秀、歌唱乐队表演，还是名人主持，都能在花椒收看到。该平台在泛娱乐内容直播平台中处于头部位置。

图5-8 花椒直播App端截图

3.一直播

网址：http://www.yizhibo.com

一直播（见图5-9）是一个聚集人气明星大咖、美女帅哥、热门网红、校花校草、可爱萌妹的手机直播社交平台，这里有明星直播、花边新闻、才艺展示、生活趣闻、聊天互动、唱歌跳舞等海量内容。一直播现已被微博收购，改版后的一直播已与微博进行了深度融合，获得微博新流量入口，并推出了多项新人主播计划、持续发挥明星直播的优势。

图5-9　一直播App端截图

4.映客直播

网址：http://www.inke.cn

映客直播（见图5-10）是国内优先的泛娱乐实时互动直播平台。2015年5月，映客直播App正式上线。映客是一家技术驱动型公司，不少直播基础技术如秒开、美颜技术、三连麦、直播PK、千人千面均是映客首创。2018年7月12日，映客在港交所正式挂牌上市。

图 5-10　映客直播App端截图

5. 淘宝直播

网址：https://taobaolive.taobao.com

淘宝直播（见图 5-10）是阿里巴巴推出的直播平台，定位于"消费类直播"，用户可边看边买，涵盖的范畴包括母婴、美妆等。数据显示，淘宝直播日均直播场次超 6 万场，直播时长超过 15 万小时，相当于 3.3 万多场春晚。2019 年，通过淘宝直播带货成交超过 5000 万的店铺有 84 家，其中 23 家实现了成交额破亿元的战绩。直播带动成交最高的五个行业分别是：珠宝、女装、流行饰品、美容护肤及童装。其中，排名最高的珠宝行业，所有商家超过 6 成的成交均来自直播。

第5章　视频新媒体创作

图5-11　淘宝直播App端截图

6.斗鱼直播

网址：https://www.douyu.com

斗鱼直播（见图5-12）是一家弹幕式游戏直播分享平台，该平台为用户提供视频直播和赛事直播服务。斗鱼直播的前身为ACFUN生放送直播，于2014年1月1日起正式更名为斗鱼直播。斗鱼直播以游戏直播为主，涵盖了娱乐、综艺、体育、户外等多种直播内容。

107

图5-12 斗鱼直播PC端截图

7.虎牙直播

网址：https://www.huya.com

虎牙直播（见图5-13）是以游戏直播为主的弹幕式互动直播平台，累计注册用户2亿，提供热门游戏直播、电竞赛事直播与游戏赛事直播、手游直播等。虎牙直播主要包含《王者荣耀》《绝地求生》《荒野行动》等游戏直播，《LOL》《DOTA2》《DNF》等热门游戏直播以及单机游戏、手游等游戏直播。

图5-13 虎牙直播PC端截图

8.腾讯课堂

网址：https://ke.qq.com

腾讯课堂（见图5-14）是腾讯推出的专业职业培训在线教育直播平台，聚合了大量优质教育机构和名师，下设职业培训、公务员考试、托福雅思、考证考级、英语口语、中小学教育等众多在线学习精品课程，打造了老师在线上课教学、学生及时互动学习的课堂。腾讯课堂凭借QQ客户端的优势，实现在线即时互动教学；并利用QQ积累多年的音视频能力，提供流畅、高音质的课程直播效果；同时支持PPT演示、屏幕分享等多样化的授课模式，还为教师提供白板、提问等功能。

图5-14　腾讯课堂PC端截图

以上罗列的直播平台基本涵盖了泛娱乐、电商、游戏和教育这几大核心直播类型。还有一些其他平台，由于直播只是其平台功能中的一个辅助功能，故而在此不做过多介绍，这些平台如抖音、快手，是以短视频为主、直播为辅的App产品设计，陌陌是以陌生人社交为主、直播变现为辅等。

5.3　做好一场直播的八大要点

直播由于其实时性，所以相比图文和短视频创作需要创作者提前准备得更充分，这样主播才能在直播过程中表现得从容不迫。而且直播更是对一个人的"听说读写演"以及现场应变能力的综合考验。直播新手该如何做好一场直播呢？

首先，直播前的准备至关重要。 如果是毫无准备的直播，那么容易造成直播过程中一些意想不到的事情发生，直播内容也可能会表现的杂乱无序。直播应该从以下两个方面来做好准备：

1. 直播硬件环境准备

直播用的PC、手机硬件性能要确保达到标准，网络通达无卡顿。麦克风声音接收确保没有问题。如果是手机直播，那么可以考虑购置一些辅助设备，比如<u>直播架</u>、<u>补光灯</u>等。除此之外，直播的背景尽量选择符合直播主题的内容元素，如果是颜值主播，则可以把直播间做一些适当的装饰，如果是知识主播，则可以用堆放有书籍的书架来作为背景。

2. 直播内容策划准备

直播选题最好是选择符合自身特质的选题。比如会唱歌的主播，那么可以准备几首自己拿手的歌曲提前练习一下。如果是知识型主播，可以提前准备好要讲的内容脚本，并将内容概要用纸张打印出来。此外，整个直播中不可能全程都是主播在讲，还得准备好一些互动问题、暖场音乐等，使主播在整个直播过程中能表现得从容自然。提前做好直播内容的策划脚本，就是为了在直播过程中能够对整个直播内容的主线做到清晰而不凌乱。

其次，我们还应学会在直播中运用一些小技巧。 下面几个技巧方法可以让你在直播过程中轻松自如，不冷场：

1. 刚开始要学会"自说自话"

新手主播在初期大多存在没有什么人气，死忠粉也很少，没有弹幕可念等问题。所以主播"自说自话"真的很重要。关于"自说自话"的一般内容有：总结自己今天做了什么，有什么比较有趣的事，或者让你生气郁闷的事；此外还有今天发生了什么大新闻，如明星结婚、离婚、出轨，名人去世，社会新闻；今天听了一首好歌等，这些都可以聊了。在"自说自话"的过程中，或许就会有粉丝开始关注和倾听主播的述说，这样就悄无声息地完成了直播的冷启动。

2. 多谈自己的生活感悟和亲身经历

为了拉近与粉丝的距离，凸显一个主播真实的自我表现，多多分享主播自己的生活感悟和亲身经历则是一大有效的秘密武器。因为直播体现的就是一种近在咫尺的真实感，所以主播个人的生活感悟和经历则更能让粉丝在脑海中对主播形成一个真实不做作的人格印象。

3. 丰富的表情和肢体动作

既然是直播，大部分情况下是需要主播露脸的，所以主播呈现给粉丝的表情则会很容易给收看的人留下第一印象。新手主播大多会在刚开始时表现得比较紧张或面部僵硬，这样就非常容易响应粉丝的关注度，因为没有一个人愿意看一个面无表情的主播在那里一个劲地自言自语。故而丰富的表情和肢体动作会在无形中为主播的形象增加不少额外分数，且更容易让粉丝认识和识别主播。

4. 会说段子，会讲小故事

段子是语言浓缩的精华，它可以是对古诗词的活学活用，也可以是对当下流行语的一种改编。段子的意义在于寥寥几句，即可直击人心，而且诙谐幽默的段子更加让人记忆深刻。小故事的意义在于不仅可以在直播中帮助主播丰富内容和拉长直播时间，同时，小故事也能帮助主播与粉丝构建一些有共鸣的话题。总之，段子和小故事等素材是需要主播在平时日积月累，方可在直播中信手拈来、运用自如的，它们可以给直播带来一些锦上添花的效果。

5. 保持礼貌，交流有度

在直播的过程中，主播没必要总是提醒粉丝给自己刷礼物，这样容易给粉丝一种压迫感。正确的操作是，主播要保持礼貌的态度，对新人进直播间多说欢迎；对铁杆粉丝刷礼物多说感谢，且在表达感谢时，最好提及粉丝的名字，表情要体现出快乐和感激之情。这样会让粉丝记住这种互动细节，且很好地满足了粉丝的虚荣心。同时，主播在与粉丝的交流过程中，要做到交流有度，涉及自己隐私的信息最好合理回绝，如果发生言语冲突，也需要尽量保持克制。

6. 树立自己的风格，构建私域流量

这是一个高速发展的互联网时代，所以每天的主播也是层出不穷。那么如何保持主播自己的竞争优势以避免被淘汰，则是主播需要思考的一个重要问题。我建议主播尽量建立自己的直播风格，打造属于自己特有的人格魅力。坚持走自己的路，并且与粉丝打成一片，这样方可构

建起自己的铁杆粉丝私域流量,最终形成主播独特个人风格的竞争"护城河"。

最后,直播完成之后,我们还应该对这场直播进行复盘总结:有哪些好的临场表现;有哪些金句可以记下来以形成口头禅;有哪些失败的需要改进的地方等。只有不断对直播经验进行总结和改进,才能让自己未来的直播拥有更多的粉丝关注和更强的用户黏性。

5.4 短视频产业链和平台选择

短视频行业现如今正是风头正茂之时,根据QuestMobile(中国移动互联网商业智能服务平台)《2019年短视频行业半年洞察报告》数据显示,截至2019年6月,短视频用户规模超过8.2亿人,同比增速超过32%,这意味着10个移动互联网用户中就有7.2个人在使用短视频App。本节笔者将为读者解析短视频产业链以及短视频平台的对比选择。

5.4.1 短视频产业链解析

短视频行业产业链主要由品牌方、营销平台、内容生产端、MCN机构、短视频平台、基础支持、受众用户以及监管部门共同组成(见图5-15)。

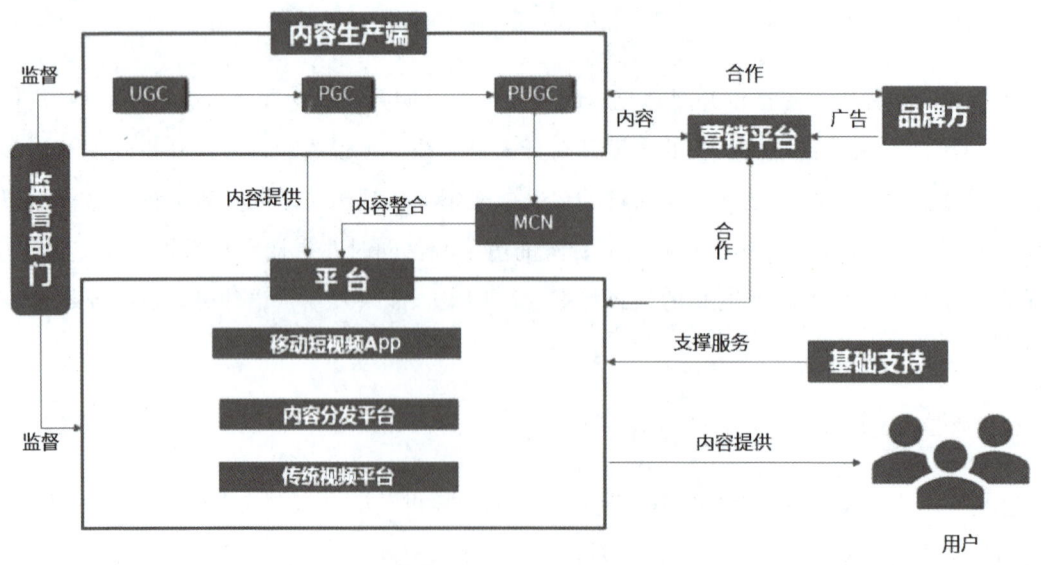

图5-15 中国短视频行业产业链

从图5-15来看，营销平台负责对接品牌方与内容生产端，进行广告内容合作。内容生产端处于短视频产业链上游，它大致由UGC（用户生产内容）、PGC（专业生产内容）和PUGC（专业用户生产内容）三种类型的内容创作者组成。内容创作者的竞争力主要体现在优质内容的持续输出和产品迭代能力上。

UGC群体基数大，与平台的消费人群重合度高，同时在一定程度上也是社区氛围维护者。PGC有专业的制作能力，能够输出高质量内容，拥有大量粉丝，平台间的补贴大战助理资源主要富集于头部PGC群体。是否具备产品思维是UGC和PGC的重要区别。PUGC专业用户生产内容，是UGC和PGC结合的内容生产模式，PUGC结合了UGC的广度和PGC的深度（见图5-16）。

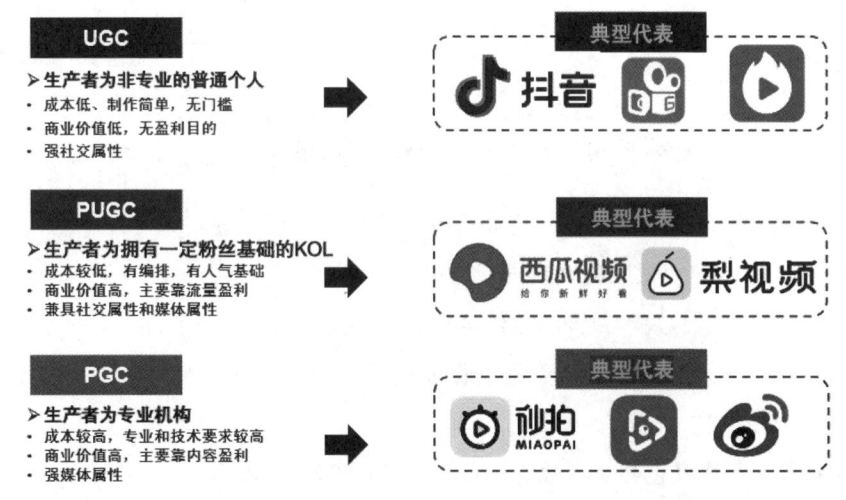

图5-16　短视频内容生产模式（数据来源：前瞻产业研究院整理）

经纪人组织机构在短视频行业统称为MCN（Multi—Channel Network）机构（见图5-17），在直播行业中则叫公会。两者在作用上是基本类似的，都为承担平台的运营管理和分包等中间服务工作。区别主要在方向上：短视频MCN机构的主要方向是培养达人进行短视频拍摄、制作、发布；公会则是专门面向直播方向。据艾媒咨询数据显示，预计到2020年，中国短视频MCN机构数量将超5000家。作为短视频营销产业的重要一环，MCN机构当前已实现将服务生态的延伸，提供孵化、制作、运营、推广、变现等全方位服务。

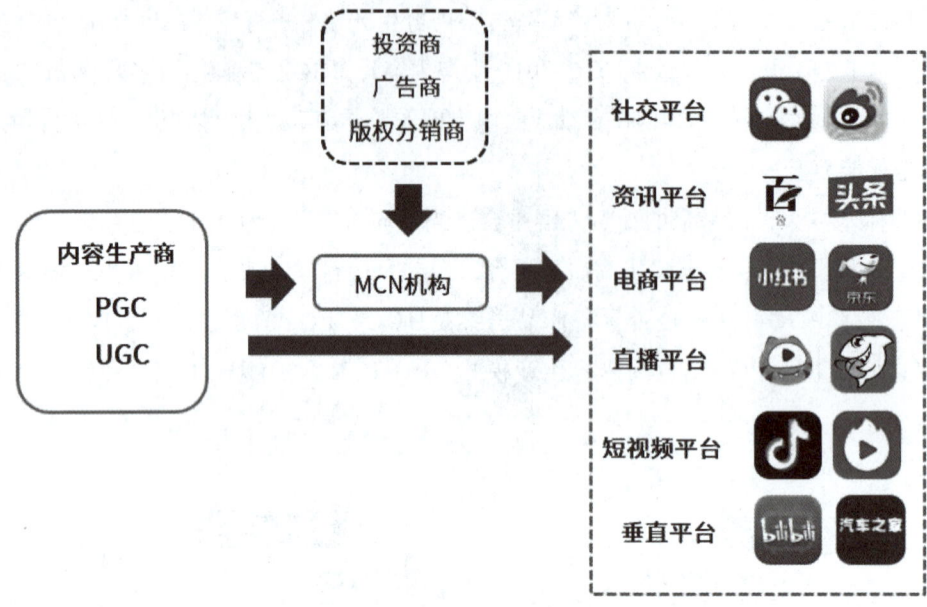

图5-17　MCN模式下短视频行业产业链闭环

短视频平台包括移动短视频App，比如抖音、快手等，还有短视频分发平台以及传统PC端视频平台。短视频平台在短视频行业产业链中处于中下游的位置，它相当于一个巨大的用户流量池，吸引用户过来观看短视频，同时也给创作者提供短视频创作和智能分发平台。

基础支持方在整个短视频产业链中处于保障层的位置，它主要涉及视频云服务、视频剪辑和美化、支付方、硬件等。

最后，短视频平台同样也会受到政府监管，规范管理MCN机构。

5.4.2　八大短视频平台对比分析

前些年大家更偏向于以图文的形式去展现内容，认为视频生产周期长、质量差、不方便大规模生产。过去占据互联网主要位置的是图文内容版面，但现在这个趋势已经完全改变，视频新媒体的内容得到了极大的提升，各大平台已开始全面支持视频新媒体。

短视频作为视频新媒体的"当红辣子鸡"，从底层逻辑而言其实是次世代的图文形式，而不是长视频的缩短版。我们可以把短视频理解为图文的升级版。

目前，短视频行业已步入稳定发展的成熟期，竞争格局也趋于稳定。除了2011年最早进入行业的快手以外，近两年，在互联网巨头的积极布局下，短视频行业内的主要竞争者还包括字节跳动的火山小视频、西瓜视频、抖音，阿里系的土豆视频等，百度系的全民小视频等，新浪系的秒拍等。发展至今，快手与字节跳动旗下App在短视频行业最具竞争力，短视频行业现已形成两超多强的大致格局，如图5-18所示。

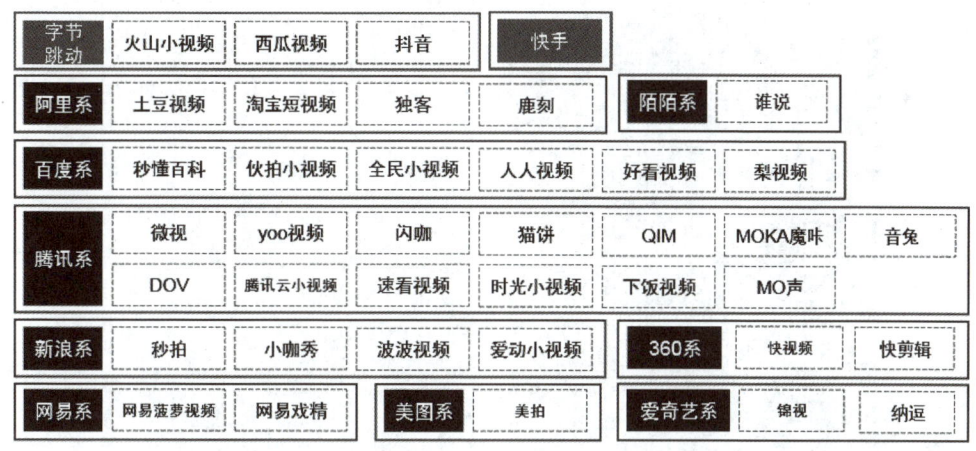

图5-18　短视频行业互联网巨头布局图（数据来源：前瞻产业研究院整理）

图5-18是按照互联网巨头派系进行分类的，我们再从短视频类型的角度进行分类，可以分为以下类目：以抖音、快手为代表的短视频社交类；以梨视频、西瓜、秒拍为代表的资讯媒体类；以B站、A站为代表的BBS社区类；以微信朋友圈视频、陌陌、微视、手机QQ为代表的SNS即时通信类；以淘宝主图视频、京东主图视频为代表的电商类；以美拍、剪映、快影、小影、VUE为代表的工具类。下面笔者就来针对目前主流的短视频平台进行罗列分析，以为后期读者在选择短视频平台时参考之用。

1. 抖　音

网址：https://www.douyin.com

抖音短视频（见图5-19）是一个旨在帮助大众用户表达自我、记录美好生活的短视频分享平台。该平台为用户创造丰富多样的玩法，让用户能在生活中轻松快速产出优质短视频。截至2020年1月5日，抖音日活跃用户数已突破4亿人，作为国内最大的短视频平台继续领跑市场。抖音大部分是一二线城市用户，视频都是一些新潮、年轻酷炫的内容，抖音最初的用户定位就是瞄准一二线城市，从都市白领的需求出发，现在逐步下沉至三四线城市，开始抢占快手的一部分用户。

新媒体营销精华：精准定位+爆款打造+匠心运营+内容变现

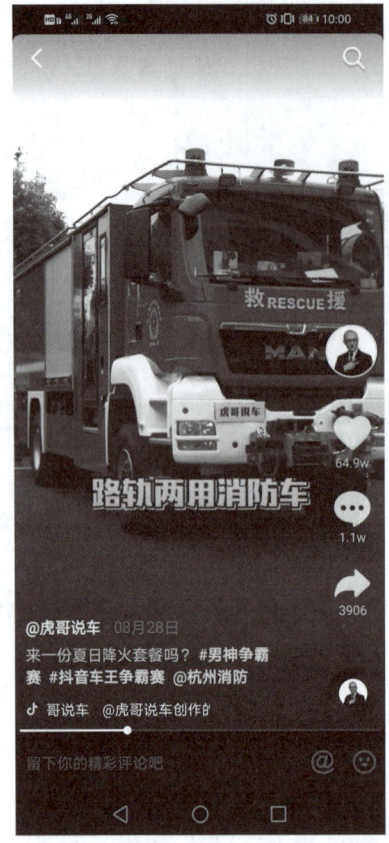

图5-19　抖音App（左）和抖音火山版App（右）截图

抖音现如今已逐渐发展成为"全领域短视频+直播"平台，以短视频为主、直播为辅。火山小视频品牌升级之后改名为抖音火山版，现已全新上线，它们都是隶属于今日头条旗下的短视频产品。

2. 快　手

网址：https://www.kuaishou.com

快手（见图5-20）的定位是国民短视频社区，是记录和分享生活的短视频平台。在这里，用户可以看到真实有趣的世界，找到自己感兴趣的人，也可以让世界发现真实有趣的自己。"快手，记录世界记录你。"截至2020年年初，快手日活跃用户数已突破3亿人。快手起于三四线城市，从普通平民的需求出发，目前快手的主要用户还是来自三四线甚至五线城市。

图 5-20　快手 App 截图

除用户定位上的差异外，快手与抖音还有如下区别：快手在做社区，抖音在做潮流；快手重视生活，抖音重视表演；快手是庙会，大家都在一起闹哄哄的，抖音是舞台，大家为自己喜欢的人鼓掌；快手模式重视普通用户参与，抖音模式有利于头部用户。

3. 西瓜视频

网址：https://www.ixigua.com

西瓜视频（见图 5-21）定位为全品类视频生态平台，它通过个性化推荐为用户提供新鲜、好看的视频内容，并帮助视频创作人轻松地向全世界分享自己的视频作品，还有很多原创综艺视

117

频资源。西瓜视频在内容上将产品定位为以15分钟以内的短视频为主打,并涵盖短视频、超短视频和长视频在内的全部视频生态。其好处在于更容易打造视频生态壁垒,为自己创造广阔的市场空间。目前,西瓜视频每日的视频供给量约在30万条,而YouTube的视频日供给量在360万条左右,西瓜视频在视频资源丰富性上还存在一定差距。

图 5-21　西瓜视频App截图

4. 哔哩哔哩

网址:https://www.bilibili.com

哔哩哔哩(bilibili,简称B站)(见图5-22)现为中国年轻世代高度聚集的文化社区和视频平台，该网站于2009年6月26日创建。B站早期是一个ACG（动画、漫画、游戏）内容创作与分享的视频网站。经过十年多的发展，B站围绕用户、创作者和内容，构建了一个源源不断产生优质内容的生态系统，已经涵盖7000多个兴趣圈层的多元文化社区。截至2019年第三季度，B站月均活跃用户达1.28亿人，移动端月活用户达1.14亿人，18～35岁用户占比达78%。B站就像一个短视频版的BBS论坛，二次元和弹幕是其最大的特色，年轻用户居多。笔者认为B站是一个很有潜力的短视频平台，建议读者朋友多关注一下。

图5-22　B站PC端截图

5. 梨视频

网址：https://www.pearvideo.com

梨视频（见图5-23）是一家领先的资讯类短视频生产平台，由资深媒体团队和全球拍客共同创造，它专注为年青一代提供适合移动终端观看和分享的短视频产品，内容涵盖商业、社会、科技、媒体、娱乐、生活方式等领域。梨视频致力于做最好看的资讯短视频。大家经常在新闻中看到的短视频爆料内容，很多都是来自梨视频这个平台，所以它适合资讯类短视频创作者去重点关注。

119

图5-23 梨视频App截图

6.好看视频

网址：https://haokan.baidu.com

好看视频（见图5-24）是一个为用户提供海量优质短视频内容的专业聚合平台，全方位覆盖搞笑、音乐、影视、娱乐、游戏、生活、小品等优质视频内容。该短视频平台通过百度智能推荐算法，深度了解用户的兴趣喜好，为用户推荐量身定制的视频内容。其最大的优势在于有百度PC端搜索引擎的流量导入支持。

图 5-24　好看视频App截图

7. 美拍

网址：http://www.meipai.com

美拍（见图5-25）是一款备受爱美一族钟爱的短视频制作软件。美拍定位于超火爆原创短视频和高颜值手机直播。美拍于2014年5月上线后，连续24天蝉联App Store免费总榜冠军，并成为当月App Store全球非游戏类下载量第一的软件。美拍网页版精选了热门、明星、搞笑、女神男神、音乐舞蹈、时尚美妆、美食创意、宝宝萌宠等好玩有趣的短视频。美拍作为美图公司旗下的一款短视频软件，具有工具+社交的双重属性，且以工具为主、社交为辅。美拍很适合颜值类的短视频创作者。

图5-25 美拍App截图

8. 微视

网址：https://weishi.qq.com

微视（见图5-26）是腾讯旗下的短视频创作平台与分享社区，用户不仅可以在微视上浏览各种短视频，同时还可以通过创作短视频来分享自己的所见所闻。此外，微视还结合了微信和QQ等社交平台，用户可以将微视上的视频分享给好友和社交平台。2019年6月，微视开启了30秒朋友圈视频能力内测。用户在微视发布界面勾选"同步到朋友圈（最长可发布30秒）"按钮，即可将最长30秒的视频同步到朋友圈。微视最大的优势在于背后有擅长打造社交产品的腾讯给予大力支持，并且还有微信和QQ等腾讯系产品的流量共享。

图5-26 微视App截图

以上罗列的短视频平台基本涵盖了短视频社交类、资讯媒体类、工具类和SNS即时通信类等几大核心短视频类型。其他短视频类型比如电商类短视频，没有独立的平台，而只是电商平台的一个辅助功能模块，其大多体现在电商产品的商品介绍主视频或内容详情页中，故在此不做过多介绍。

短视频因为具备内容效率高、易阅读、碎片化娱乐、高传播性、低门槛以及社交属性强等诸多优势，故而拥有更强的传播力度和速度。目前，短视频的移动互联网用户渗透率还未完全饱和，用户红利仍然存在，有较大用户发展空间，建议视频新媒体创作者尽快抓住这次短视频红利。

5.5 如何打造爆款短视频

当今社会是一个信息爆炸的时代，每一天都有各种信息内容充斥在大家的屏幕前，但真正能夺人眼球且走心的信息实在是少之又少。随着短视频的崛起，几乎所有人都开始利用碎片化时间来获取短视频形式的内容。短视频在几分钟内即可高效满足人们的碎片化阅读需求，这就是其优势所在。

目前短视频的制作门槛已逐步降低，只要一部手机、一台计算机就可以拍摄和剪辑视频，所以越来越多的个人、机构开始加入短视频创作的队伍。然而，在短视频如此泛滥的今天，所有的短视频内容对于用户来说都是稍"滑"即逝，如何打造出吸引眼球的爆款短视频才是关键。

5.5.1 热门短视频观看需求排行

知己知彼，百战不殆。如何打造爆款短视频？我们首先可以尝试从用户对短视频的观看需求方面着手分析。从图5-27中我们可以很清晰地看出排名靠前的短视频内容有哪些。

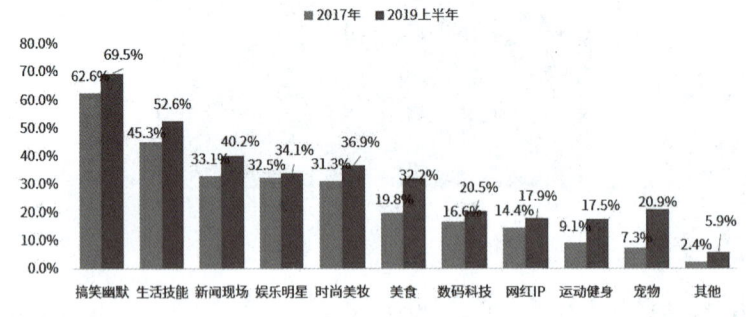

图5-27　2019年上半年中国短视频平台用户观看类型调查（数据来源：艾媒数据中心）

排在第一位的是搞笑幽默类的短视频。其实这也很好理解,因为这类短视频能够为用户在疲惫工作后的休息之余带来一丝欢乐;同时,也可以让用户释放一天的压力。这种类型无疑能够让短视频的观看者为之倾力点赞和大力转发。

排名第二位的是生活技能类的短视频。这类视频讲究的是贴近现实生活,将日常生活中常用的高频必备技能制作成短视频,无疑会让众多短视频观看者觉得非常实用。这类短视频能够很好地让用户在观看后喜提"获得感",让用户觉得每天看一个短视频就可以学习到一个生活小技能。

排名第三位、第四位的是新闻现场类和与娱乐明星相关的短视频。"吃瓜群众"最爱看的就是这两类短视频。每天都有新鲜资讯、爆炸新闻,这都是"吃瓜群众"在茶余饭后的谈资。现如今其实各大传统媒体在配发新闻时,也会同时制作一个短视频版的新闻,这样的好处在于可以快速让用户了解新闻事件的大致情况。这两类短视频具有一定时效性,若能抢到首发则会获得第一波用户流量。

排名第五位的是时尚美妆类的短视频。对美的追求是人的天性,所以这类短视频也存在刚性需求。

排名第六位的是美食类短视频。热爱生活的人大多比较喜欢观看这类短视频,尤其对于"民以食为天"的中国网友而言更是如此。美食类的短视频有讲解制作过程的,也有分享美食打卡地的,这类视频吸引的大多是精准的"好吃佬"用户。

之后则是数码科技、网红IP、运动健身和宠物等,对这些短视频有需求的用户群体相对比较细分垂直和小众化。关注这类小众需求短视频的用户群体往往是对其中的某个细分领域特别喜欢,这类短视频可以很好地精准识别"同好"用户。

具备大众需求的短视频往往存在天然的流量优势,因为关注和喜欢这类视频的用户人群众多,所以很容易出爆款短视频。而对于小众需求的短视频而言,因为关注这类视频的人群相对比较垂直,这类短视频往往是在一个小圈子里面爆火。

5.5.2　爆款短视频的底层逻辑

短视频在本质上是情绪化的内容产品,它需要在短时间内触动人的内在情绪。人们生来就有七情六欲,表现为喜悦、愤怒、忧伤、恐惧、惊吓等。想要让用户的情绪上扬,就可以制作搞笑、温暖、正能量等画面,再配合一些激情高昂的背景音乐。想要让用户情绪下抑,则可以剪辑一些悲伤、失落、感人的画面,再配上音律低沉的背景音乐即可。

爆款短视频的核心就是带动用户的情绪，让用户参与互动并分享转发。大众用户的情绪其实是一种盲从情绪，大众用户往往不会深入思考，情绪很容易被带动。需要提醒的是，音乐能够快速激发人的情绪，所以特定的画面配上合适的背景音乐，可以迅速带动用户的情绪。

短视频玩得好的大多是引导情绪的高手，比如"卢战卡""一禅小和尚"（见图5-28）等，就是运用精辟的语言戳中用户内心的情绪痛点，从而获得了一大批忠实粉丝。

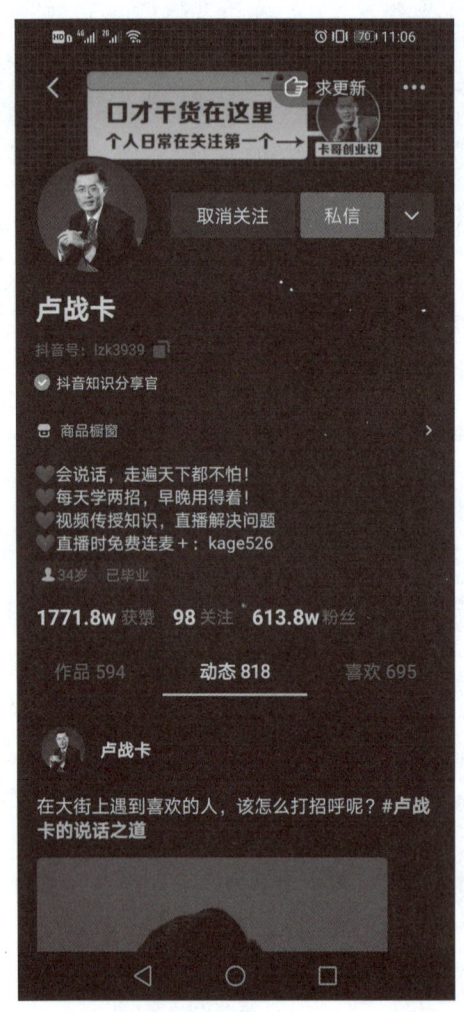 

图5-28 "卢战卡"和"一禅小和尚"的短视频截图

塑造冲突是短视频能成为大爆款的基础，没有冲突就没有故事，冲突是故事的根本。在短视频中,只需要把最核心的冲突部分呈现给观众,就可以很好地夺人眼球。至于起因、发展和结尾,则可以留给观众,让观众在评论区互动。

哪些才叫冲突?剧情反转、男扮女装、女变男装、乞丐变富豪、富豪变乞丐、美女与野兽、小和尚讲大人的情感、爆米花爆龙虾、办公室炭烤鸡等,这些都叫冲突。

短视频案例参考有:"岳老板""青岛大姨张大霞"(见图5-29)、"一禅小和尚""办公室小野"等。这些视频账号所呈现的具有颠覆性的人物表现都可以称为冲突。短视频创作要善于设计和打造冲突爆点,这样才能让观众眼前一亮,耳目一新。

图5-29 "岳老板"和"青岛大姨张大霞"的短视频截图

幽默搞笑类的短视频是很受观众追捧的,因为幽默搞笑类的段子解说或表演等短视频很容易给人带来会心一笑的喜悦感。同时，这类视频大多是比较轻松和娱乐化的，简单又有趣，能帮助人释放压力。

幽默也是一种智慧的体现，它可以赋予生活更快乐的内涵并带来正能量，它可以使我们身心愉悦、意志坚定、情趣高尚。所以，短视频平台上那些幽默搞笑类创作者的受关注度都非常高，且其短视频的点赞量也非常之大。比如"陈翔六点半""四平警事"（见图5-30）、"爆笑三江锅"等。

图5-30　"陈翔六点半"和"四平警事"的短视频截图

综上，深刻理解打造爆款短视频的底层逻辑——"触动情绪、塑造冲突、制造幽默"，方可让我们在创作短视频时具备一定的思维大方针。对于那些爆款短视频，我们更应该多加研究与总结其火爆的原因，并将其优秀的因素加入到自己的短视频中，先模仿，再创新和改进，也不失为一种快速迭代打造短视频的有效方法。

笔者建议读者从五个维度来判断短视频内容是否达到爆款的标准。其一，完播率：有多少人看过你的作品，且完整看完，数值越高代表可看性越强；其二，点赞率：看过视频的人中有多少点了赞的，数值越高代表对该视频感兴趣的人就越多；其三，评论量：多少人有共鸣、有不同的见解等，数值越高代表短视频的话题性越强；其四，转发率：有多少人转发，觉得有用和认可才会分享转发，数值越高代表实用性、认可度越强；其五，关注率：是否能提供长期、有价值内容输出，数值越高越代表用户打算长期关注你的创作内容。

一名优质的短视频创作者，需要持续输出优质的短视频内容，偶尔的爆款并不具备可复制性，掌握爆款短视频的底层逻辑才是王道。

5.5.3 短视频创作六字真诀

成功打造出爆款短视频是可遇而不可求的，即使再厉害的创作者也不可能天天出爆款作品。对于短视频创作新手而言，高效实用的创作思路与法则才是最为迫切需要的。

关于短视频创作的思路，笔者建议牢记"有情、有趣、有用、有品、有颜、有料"这六大核心法则，创作者只需运用其中的一条或多条法则组合，即可对短视频的创作做到胸有成竹。下面笔者就来一一详解短视频创作六大核心法则。

1. 有　情

有情表示有情感共鸣与情绪触动。人是情感动物，情感剖析或故事类的短视频很容易激发用户心底深处的情感共鸣。短视频领域中，那些以情感分析、恋爱技巧、情商提升等为主打的新媒体号往往很容易博得大量粉丝的关注。因为情感其实是人类特有的，也是触及人性深处的东西，而人性是复杂的，其中所产生的问题也数不胜数。所以涉及情感方面的短视频只要其内容能让用户产生共鸣，即可顺利收获一众铁杆粉丝。建议读者可以关注一下本领域的新媒体大号"艾弥儿"（见图5-31）。

图5-31 "艾弥儿"的西瓜视频页面截图

2. 有　趣

　　有趣可以理解为幽默风趣搞笑。有的人会说：我没有高颜值，也不擅长做情感内容，该如何创作短视频呢？那么笔者建议创作者可以从"有趣味"这个思路出发去尝试创作短视频。因为大多数看短视频的人其实是为了放松休闲，所以这个时候如果能看到有趣、搞笑和欢快的短视频，那么无疑会缓解一丝心理上的压力。把有趣这个基因发挥得比较好的有抖音网红"忠哥"，他塑造了一个颜值不高、怕老婆的小男人现象，其视频大多为日常生活趣事（见图5-32）。

第5章 视频新媒体创作

图 5-32 "忠哥"的抖音页面截图

在抖音、快手上我们也会经常看到这类泛娱乐化的有趣短视频。其实这些短视频大部分都是创作者借助一些有趣的段子自我演绎出来的，只要演得顺其自然，就能很好地达到让观众轻松一笑的目的，那么用户点赞、分享和转发就是很自然的事情。需要注意的是，有趣味并不代表低俗，否则就是过犹不及了。

3. 有　用

有用表示有实用价值。实用的短视频也可以很好地收获更多粉丝的关注，因为这类视频可以让人在短时间内拥有获得感。比如擅长讲解人际关系实战技巧的"卢战卡"，主打分享装修避

131

坑经验的"穿拖鞋的猫爷",以及实景介绍新潮家居装修设计的"设计师阿爽"(见图5-33)等。正因为他们所讲解的种种经验、技巧和心得体会无比实用,所以很容易让人在看完后有收获满满的感觉。

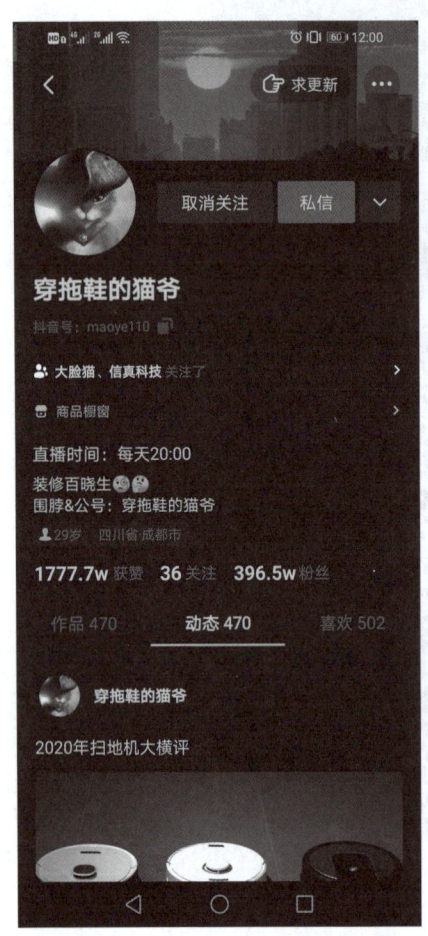 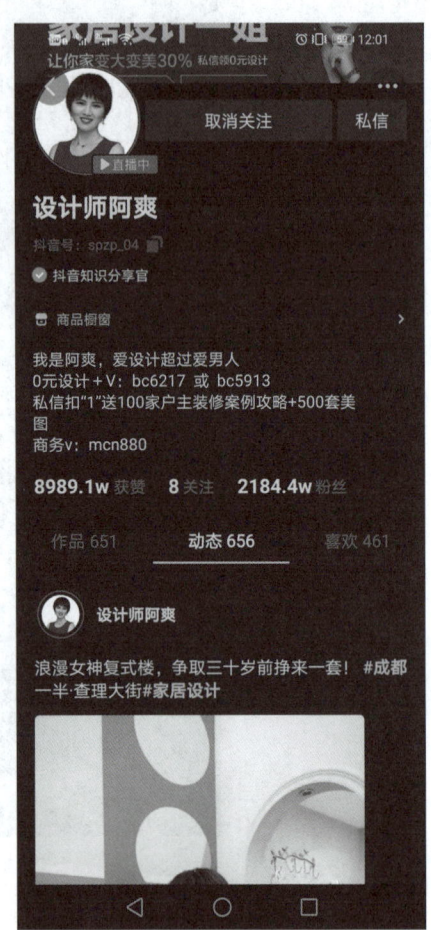

图5-33 "穿拖鞋的猫爷"和"设计师阿爽"的短视频页面截图

一些不太愿意露面的创作者也很适合做实用类型的短视频,比如一些实用小妙招,一些知识类总结和解读等。总之,让观众能产生知识技能的获得感是这类短视频俘获人心的一大关键利器。

4. 有 品

有品即表示**有品位、有个性、有才艺**。在千人一面的短视频领域,你需要表现出自我特色,并形成特有的自我风格和调性,这样才能很好地打造自己的IP知名度。所以,有个性、有品位方可让你的短视频形成很好的识别度。比如，"虎哥说车"（见图5-34）的短视频有一些标志性很强且形成定式的开场白，而且短视频中的文案说辞也极具连贯性、趣味性，久而久之，这就形成了"虎哥说车"所自有的一种风格，别人再怎么模仿，都感觉模仿得很生硬。

图5-34　"虎哥说车"的短视频截图

歌星的声音有自己的风格，演员的表演也有自己的风格，做短视频新媒体也是如此。连品牌，比如宝马、奔驰、奥迪的进气格栅和车型都有自己的风格。这就是辨识度，是形成品牌的重中之重，否则创作者的结局只能是昙花一现。

5. 有　颜

有颜表示有高颜值。爱美之心人皆有之，不可否认，拥有高颜值的创作者，更容易在抖音、快手这样的短视频App平台上快速俘获一大批颜值控粉丝。比如"吴佳煜"（见图5-35），作为目前抖音的代言人之一，这位网络主播从长相上就让人觉得非常舒服，其美貌毫无攻击性，而且性格也很可爱，堪称是完美高颜值女神。

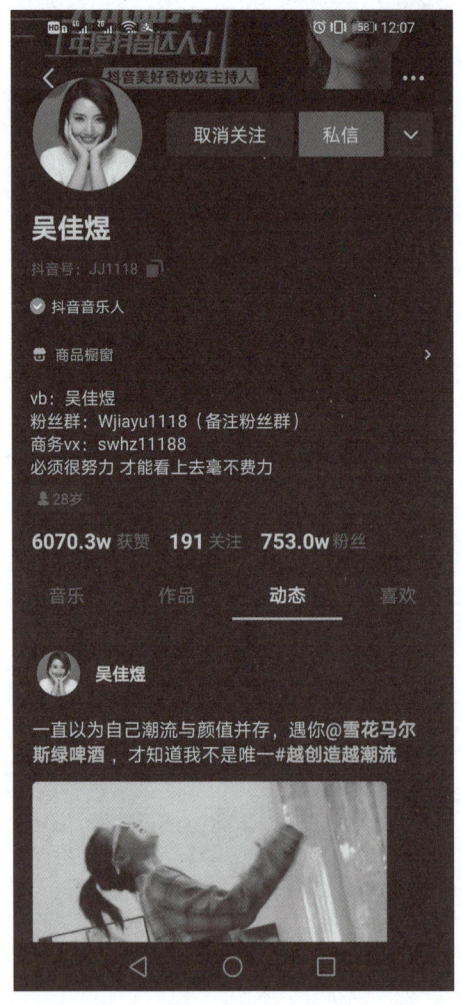

图5-35　"吴佳煜"的短视频截图

只要自己颜值"抗打"，创作者个人就比大部分人更有打造出爆款短视频的竞争优势。"颜值即正义"，对于需要出镜露脸的短视频创作者而言，颜值确实很重要。高颜值无疑会给粉丝留下很好的第一印象。

6. 有　料

有料表示**有故事性**。大多数人喜欢听故事，因为故事生动形象且具体真实，当年的《故事会》那么畅销火爆也正是基于此原因。如果通过一个短视频能够讲述一个小故事，并由此引申出一个道理或经验，受欢迎程度肯定很高。要想在短视频领域把故事讲很好，创作者需要拿捏好故事的选择角度，建议从那些经典实战案例中总结出一个"有料"的小故事，在短视频呈现的过程中要力求文案精练，视频最后给出的结论要能给人以醍醐灌顶般的感觉。在"有料"一类的短视频号中，笔者建议读者多关注一下"商业小纸条"（见图5-36），其短视频大多是对一些很简单的商业案例故事的解说。

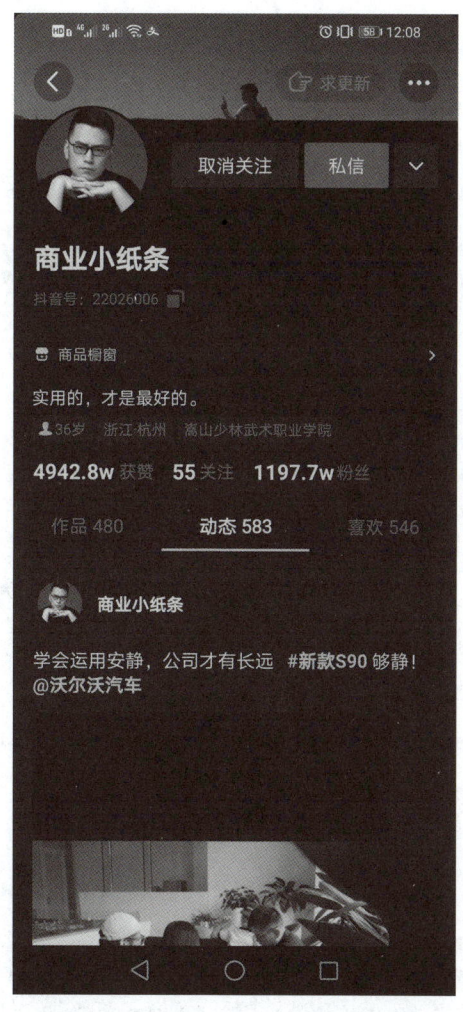

图5-36　"商业小纸条"短视频截图

总结一下，其实"有情、有趣、有用、有品、有颜、有料"这短视频创作的六大核心法则，可以精练为短视频创作六字真诀，即"情、趣、用、品、颜、料"，很好记忆。读者朋友只需活学活用这六字真诀，在短视频创作上即可不再思维混乱和无从下手。短视频创作六字真诀如图 5-37 所示。

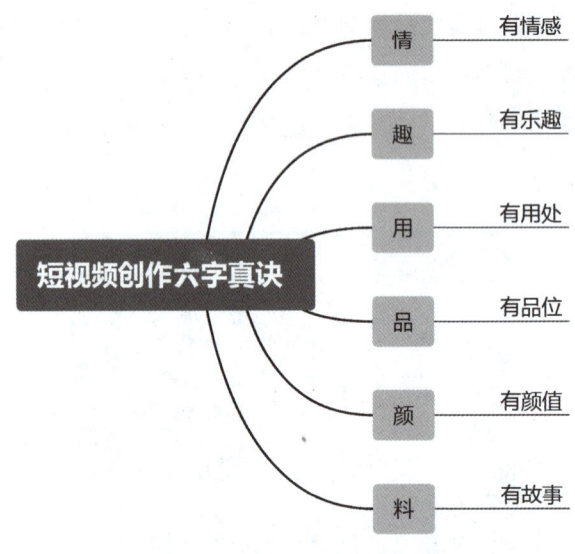

图 5-37　短视频创作六字真诀

5.6　新媒体爆款案例拆解分析

视频作为比图文和音频更高一阶的内容表现形式，在移动互联网时代越来越受用户追捧。再加上各大新媒体平台现阶段对直播和短视频内容的大力扶持，视频新媒体领域涌现出了很多网红大 V，这些达人也很好地抓住了视频新媒体的流量红利期。

笔者就此选取了几个有关视频新媒体的爆款案例，对其进行拆解分析并挖掘出爆款的核心基因，以供读者在创作时参考之用。

5.6.1　案例拆解之"李佳琦"

直播最常见的应用场景是用来做直播带货，这其中把直播带货玩得最好的男主播非"口红一哥"李佳琦莫属（见图 5-38）。传统电商主要通过商品图文描述来说服用户下单，而现如今的抖音、快手则通过短视频带货，更高级的玩法则是借助直播来直接进行在线实时叫卖。究其本质，都是内容电商，但它们的底层逻辑是相通的，其形态都是透过优质的内容进行传播，进而引发观众的兴趣和购买欲望。下面就让我们来看看李佳琦的电商直播团队是如何打造个人内容体系的。

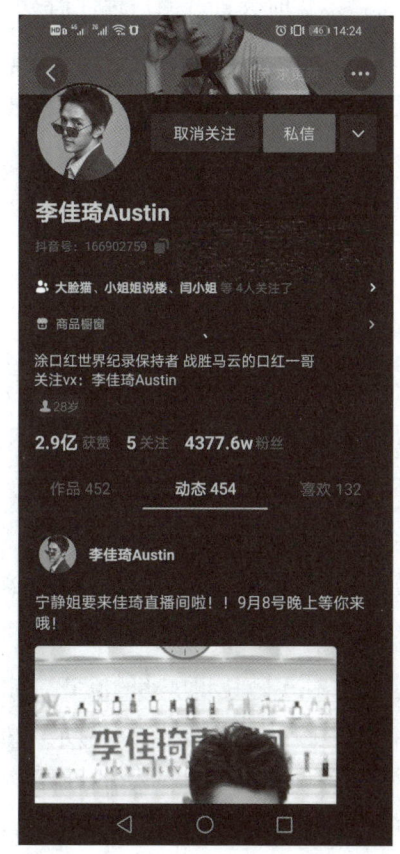

图 5-38　李佳琦的抖音、淘宝直播App截图

首先，<u>向用户提供有用的解决方案</u>。李佳琦的直播大多是教学形式的，他能够在向用户传递有价值内容的同时将产品卖出，他能为用户精准推荐适合相应肤色、妆容的口红，还会把最优使用方法告诉用户。李佳琦的直播也在一定程度上栏目化了，并有相应的产品预告和节目大纲，帮助大家提前知悉将要直播的内容。在直播过程中，李佳琦会亲自试口红，很多粉丝可能就是冲着这个环节持续关注李佳琦的。

其次，<u>用轻松有趣的表达来传递内容</u>。李佳琦在直播过程中有自己特有的口头禅，比如"我的妈呀""OMG""买它"等。而且他在说口头禅时会提高语调、给足音量。这些李佳琦式专用口头禅不断地在用户耳边重复,从而轻松占领了用户的心智。不仅有口头禅,李佳琦在直播中,在形容对口红产品的体验时还会有很多场景式的描述,比如,像小精灵在嘴巴上跳舞,把春天涂在脸上,下过小雨的森林里的味道,好闪的五克拉的嘴巴等。

最后,用原则和态度去输出个人价值观。做生意其实就是在做人,打造内容的高阶层次,其实就是在向用户输出自己的价值观。李佳琦在直播带货时会告诫用户理性消费化妆品,而不是一味地追求国际大牌,并建议用户花最少的钱买最适合的商品。李佳琦经常会在直播间表达他的一个观点:人人都可以活得更加漂亮,我们把向往美好的生活方式带给大家。这种正能量十足的价值观更能让粉丝对李佳琦加倍认可和追捧。

总结一下,李佳琦直播带货大获成功的核心基因无非就是"有用、有趣、有原则和有态度"。

5.6.2 案例拆解之"散打哥"

快手网红"散打哥"(见图5-39)想必大家都有所耳闻,他原名叫陈伟杰,"散打哥"只是他的艺名。"散打哥"曾经也是一名普通人,干过最底层的工作,比如说卖鱼、工地工人、搬运工、服务员等。现如今"散打哥"已经荣登"快手一哥"之位,粉丝数量高达5000多万。"散打哥"的网红成名之路有哪些经验启示?

其一,入行早就能抓住行业第一波红利。"散打哥"是最早期第一批玩快手短视频的,当时他和几个朋友合伙拍摄一些幽默搞笑的段子视频,结果没想到拍的这些视频备受网友追捧。而最开始拍段子类短视频的创作者很少,"散打哥"正好抓住了短视频早期的流量红利。

其二,前期靠拍搞笑段子起家。在前面的热门短视频观看需求排行中显示,幽默搞笑类的短视频排在需求榜第一位,这说明搞笑段子类的短视频具有巨大的观看流量吸引力。所以,笔者建议创作者在选取早期短视频拍摄种类时,尽量先通过拍这些热门、需求量高的短视频类型来快速将自己的视频新媒体号"养熟"。

其三,后期转型拍正能量短视频用以打造人设,并顺势直播带货。"散打哥"最开始从搞笑段子短视频起家,据说中途也遭遇过封号等危机事件,不过在后期他自己也看清了做短视频的长远方向,转型开拍正能量短视频,这样的人设更有利于平台推广以及他自身直播带货的人设要求。用短视频来做前期广泛的引流吸粉,再通过直播带货来进行铁杆粉丝的转化变现,这是大多数视频新媒体创作者的主流发展路径。

总结一下,"入行早、搞笑短视频起家、正能量人设"这些核心基因是造就"散打哥"长期立足短视频行业的根本。

第5章 视频新媒体创作

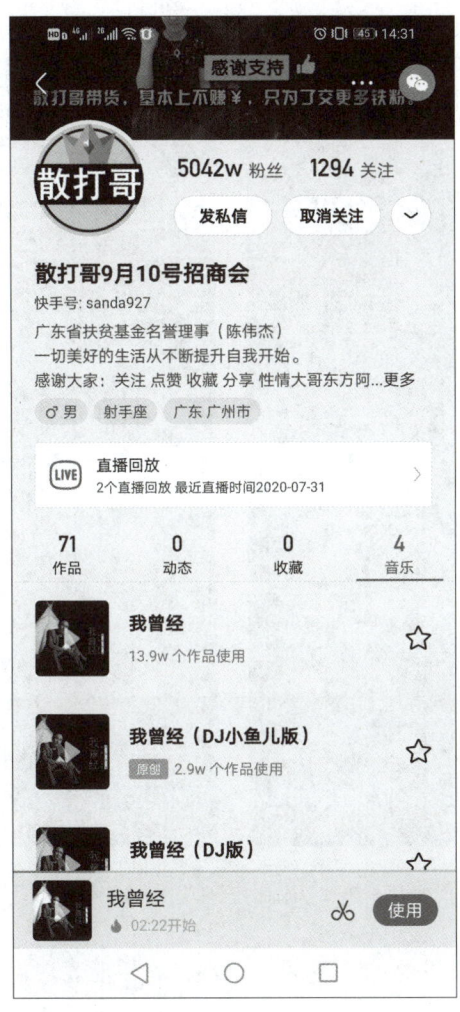

图5-39 快手网红 "散打哥" App截图

5.6.3 案例拆解之"神仙小分队"

在短视频平台，能歌善舞有才艺的小姐姐非常多，但男性表演者相对较少。"神仙小分队"（见图5-40）的出现，恰好瞄准了这一空缺领域。他们其实是平安保险的在职员工，闲暇时间，三名小伙伴"C位""小白胖"和"橙汁"共同组队，在办公室玩起了热歌劲舞，着实很吸引眼球。"神仙小分队"的粉丝总数大约为246万，算得上是一个腰部短视频网红，他们能够在工作之余把短视频拍得如此好，一定有它吸引人的地方。下面笔者就来详细分析"神仙小分队"爆红的核心基因。

139

新媒体营销精华：精准定位+爆款打造+匠心运营+内容变现

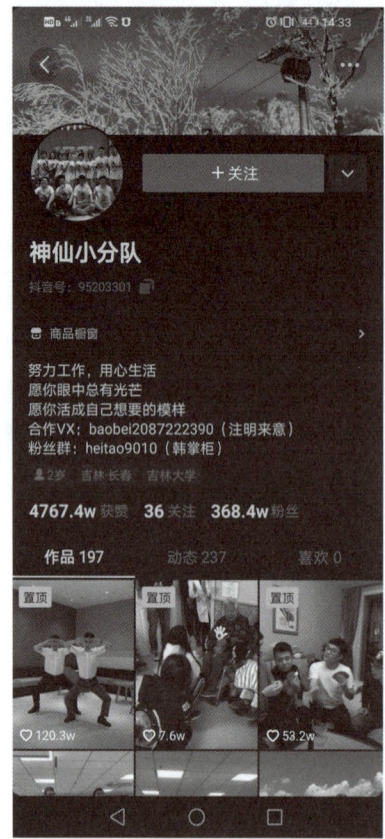

图5-40 "神仙小分队"短视频截图

其一，**反差冲突很容易吸引眼球**。如果一个斜杠青年能表现得多才多艺，那么他将会更加吸引眼球。因为这样很容易造成一种反差感，从而让观众形成猎奇的心理。"卖保险"的小哥组合"神仙小分队"在下班之后会在办公室翩翩起舞，就很好地吸引了一大波铁杆粉丝关注。这不就是一种反差所造就的冲突吗？西装革履与翩翩起舞、严肃的职场办公室与轻松愉快的舞蹈、三个"卖保险"的大老爷们也有娴熟的舞蹈才艺等。

其二，**有才艺的人很多，但有才艺的男性上班族却不多**。在重复单调的职场生活中，如果有那么几个能歌善舞的男同事能在休闲时间翩翩起舞一番，很容易让工作疲惫的你顷刻间变得心情大好。所以当你在观看"神仙小分队"的短视频时会感同身受，也会觉得他们确实很有才。有才艺加上稀缺从而形成"稀缺才艺"，这样不火也难。

其三，**欢乐有趣的表演是爆款短视频的必备利器**。"神仙小分队"的短视频大多以工作场景为环境背景，职场虽然无趣，但是他们各种搞怪、夸张式的舞蹈表演动作给观众呈现出了一个

140

无比欢乐有趣的别样职场。

总结一下,"反差冲突、稀缺才艺、欢乐有趣的表演"这些核心基因促成了"神仙小分队"这一众斜杠青年能在业余时间拍出如此优质的短视频内容。

5.6.4　案例拆解之 "虎哥说车"

在众多汽车领域的视频新媒体中,"虎哥说车"算得上是一匹黑马。"虎哥说车"在2019年只用了7天时间就涨粉425万,并迅速成长为拥有2333万粉丝的千万级汽车短视频大号,这涨粉速度在汽车新媒体行业应该是当之无愧的第一名。优秀的汽车新媒体应该为读者带来什么?"虎哥说车"给出了答案,那就是给观众带来欢乐,同时顺便普及实用的汽车知识和资讯。"虎哥说车"能从众多汽车新媒体中杀出重围并成功实现弯道超车,它一定有自己独特的核心基因,下面笔者就此来一一列举。

图5-41　"虎哥说车" 短视频截图

其一，选题定位视角新颖，转型后迎来高光时刻。"虎哥说车"最开始也是做汽车知识分享起家的，然后转型定位做豪车解说，"虎哥"从此一发不可收，迎来粉丝暴涨。"虎哥"自身资源众多，各种豪车随手就能搞到。在"虎哥说车"的内容中，我们可以看到不少豪车，这是其他一些汽车媒体无法弄到手的资源。有独家的汽车资源就能做出新颖独特的内容，以奇取胜，这是"虎哥说车"能够火爆的秘诀之一。

其二，文案风趣幽默，独具匠心。同样是讲汽车段子，"虎哥"讲段子则更显风趣幽默，就像是说相声一样。观看其短视频的用户很容易就被"虎哥"风趣的解说逗乐。正因为"虎哥说车"可以给观众带来无比的欢乐，而别的汽车新媒体做不到这一点，所以它的涨粉速度才异常之快。独具匠心的文案说辞与汽车知识融合得非常自然和贴切，这些都可以看得出"虎哥说车"在文案上的用心之处。

其三，人物形象个性十足，非常有品。"虎哥说车"以短视频的方式介绍汽车，讲解很专业，但最吸引人的不是视频中的车，而是视频中的"虎哥"这个人（见图5-42）。识别度颇高的光头、一身品位十足的西装，这样的形象成功吸引了观众的注意力。据悉，这位说话豪气的光头"虎哥"已在汽车媒体这一行业从业10多年，他也是杭州非常有名的汽车栏目主持人。

图5-42　风趣幽默、个性有品的"虎哥"

其四，说话犀利有魄力，讲述方式自带情感。汽车短视频媒体做的事情大致相同，无非就是向人介绍汽车，但"虎哥"讲述汽车的方式别具一格。在讲汽车时，"虎哥"不仅说话犀利且魄力十足，言语中的豪气油然而生，气质与豪车非常匹配。"虎哥"在解说时更是以强烈的情感来影响受众，而不是单纯干巴巴地罗列汽车数据参数。

其五，满足用户所需，潜心为粉丝打造真正想看的内容。"虎哥"最接地气的地方在于他能够满足粉丝的需求。他有一句经典的开场白叫"有网友想看×××，今天它来了！"。比如粉丝想要"虎哥"讲挖掘机，"虎哥"还真的就一本正经地做起了挖掘机的评测内容（见图5-43），让人看了忍俊不禁。关注粉丝需求，与粉丝打成一片，给粉丝创作真正想看的内容，这样的"虎哥"不火也难。

图5-43 接地气的"虎哥说车"

总结一下，"定位视角新颖、文案风趣幽默、人物形象有品位、说话犀利自带情感、满足用户所需"这些核心基因共同叠加造就了"虎哥说车"的脱颖而出。

5.7 小　结

在本章，笔者首先阐述了直播和短视频这两大视频新媒体的发展历程与前景分析，并对两者的区别与融合之处进行相应说明。

其次，笔者分别对直播、短视频两者的产业链进行了详细的解析，对主流的八大直播平台、八大短视频平台做了罗列对比分析，以供视频新媒体创作者后期参考之用。

关于如何做好一场直播，笔者列出了八大要点，期望能帮助新手主播在实际直播过程中派上用场。

关于如何打造爆款短视频，笔者从需求排行分析、底层逻辑剖析和"六字真诀"这三个方面给予读者详尽的创作参考依据和思路。

最后，笔者选取了四个视频新媒体爆款案例进行拆解分析，通过摘要提取爆款作品的核心基因，希望能从思维上给视频新媒体创作者带来启发。

第6章　新媒体运营技巧

如果我们把新媒体内容看作产品，那么当创作者打造出内容产品之后，则需要新媒体运营的参与，其负责在各大新媒体平台进行推广运作，这样才能更好地拉近内容产品与终端用户的距离，并增强粉丝对内容的持续关注。新媒体运营主要包括内容运营、用户运营和活动运营等，它们相对应的工作岗位分别是：编辑、客服、策划。本章主要就新媒体运营的这三大主要工作内容以及运营工具给予思路分析与指导。

6.1　运营思路概述

笔者是从移动互联网刚兴起时参与App全流程开发的过程中开始接触运营这项工作的。我当时负责的是App的系统架构设计与研发管理工作，而与我对接的是负责产品规划设计和产品运营的同事。

给我留下深刻印象的事情是：运营是一项很看重数据的工作，且需要用数据分析来迭代产品功能、调整市场策略和调研用户真实需求等。

随着对运营的认知一步步提升，我发现运营和软件开发其实一样也是有章可循的，运营并不是一项虚无缥缈的工作。由于我本身是比较喜欢写文章的，同时还创建并运营了一些微信群，所以对运营这件事逐渐有了更全面的认知。下面笔者先罗列一下有关新媒体运营的核心要点总结：

- 新媒体运营主要包含内容运营、用户运营、活动运营这三种类型的运营工作内容。
- 新媒体运营根据运营流程可划分为：拉新（为你的账号带来新粉丝）、留存（让粉丝持续关注你的内容）、促活（促进用户活跃度）。
- 新媒体运营的底层逻辑是对人性的高度洞察和对营销策略的灵活应用。

新媒体营销精华：精准定位+爆款打造+匠心运营+内容变现

就新媒体运营而言，产品和内容是合二为一的，产品就是内容，内容就是产品。创作者所生产的内容即可看作产品，所以当用产品思维去打磨自己所创作的内容时，你才会发现生产出优秀的内容是需要花心思的。网络上那些阅读量达"10万+"的爆款文章，并不是随随便便就能写得出来的，需要创作者有很深刻的认知水平和生活经验。

内容运营是新媒体运营之首，一般人可能会认为内容运营就是单纯地写文章。其实这不完全对，因为做内容运营还需要有一定的数据分析能力，比如内容数量、内容浏览量、内容互动数、内容传播数等相关数据。

所以想做内容运营，首先，你需要懂得分析：①要做的内容其基础属性是什么？风格是什么？内容怎么来？②内容以什么形式来做？③用户真正喜欢哪一类内容？④内容如何被高频接受而不反感？⑤如何制造参与感并引导用户去主动传播我的内容？

其次，用户运营要做的就是持续提升各类与用户有关的数据指标，比如用户数、活跃用户数、流失用户数、用户属性、用户停留时间等。用户运营需要直接和粉丝打交道，最常见的是后台客服或社区、社群管理员。一个有用户运营的新媒体号和没有用户运营的新媒体号，差别会很明显。如果只有一个新媒体号，粉丝只会看看内容而已，而如果有随时与粉丝互动的人，整个账号就鲜活起来了。

做用户运营岗位，你需要思考的是：①如何挖掘新用户？②研究用户画像、定位目标受众人群。③如何增强与用户的互动、持续留住用户？④用户量增多时如何细化管理和服务？⑤用户流失怎么办？并分析原因和思考对策。

最后，活动运营是大家比较熟悉的常见运营手段，它需要结合新媒体号来做相应的线上线下策划活动。活动运营是内容运营、用户运营的一种很好的辅助支持与补充手段，它会让粉丝有一种参与感和真实感。一个活动运营必须事先明确活动的目标，并持续跟踪活动过程中的相关数据，做好活动效果的评估、执行和更进。

活动运营分为线上活动和线下活动。两者都需要先做好相应的活动策划，整合各方面资源，最终进行推广、执行和落地。线上活动一般会用社群、线上互动营销软件等实现，成本相对较低，做得好可以产生以小博大的效果。线下活动一般需要整合线下合作资源，投入人力成本，疏通人脉关系，成本相对较大，涉及环节较多。线下运营建议创作者先具备一定的铁杆粉丝，并尝试先做一些小规模的线下活动，再逐步做大规模的线下活动。

以上三种运营类型是新媒体运营的主要运营工作内容。内容运营的目的旨在通过优质的内容来吸引新粉丝和保持老用户的持续关注；用户运营则是通过分析用户画像、增强用户互动、细化管理和服务，持续留住用户；活动运营则是通过线上线下活动来增强粉丝的参与感和真实感，成功的活动可以很好地吸引新粉丝，也可以促进不活跃的老用户转化为铁杆粉丝。这些运营工作内容主要起到了"拉新,留存,促活"的运营作用。

运营并没有那么高大上,也不是一种新的形式。拉新、促活和留存这些运营流程和相关操作手法,不仅存在于互联网新媒体中,同时也存在于现实社会的商业经营中。任何运营手段和策略都要基于对用户和业务的深度理解和思考,因为运营的底层逻辑本质就是对人性的高度洞察和对营销策略的灵活应用。

6.2 内容运营

内容运营是指运营者利用新媒体渠道,用文字、图片、音频或视频等形式将内容信息友好地呈现在用户面前,并激发用户参与、分享、传播的完整运营过程。具体来讲,内容运营包含内容创作和采集、内容管理和呈现、内容传播和扩散、内容评估和优化。

6.2.1 内容的创作和采集

内容的来源一般有两种,一种是<u>自己原创</u>,一种是<u>采集</u>。第一种很好理解,前文中有关图文、音频和视频新媒体这三大章节的内容所讲解的其实就是对内容进行原创的方法,而且各大内容平台也是优先支持原创内容的。第二种采集内容,即转载加工他人的作品,形成二次创作,这也是一种快速的内容生成方式。

作为内容运营最初的流程,一般在制作内容(内容形式可以是视频、音频、图文等)之前都会确定好写作内容的方向、明确主题。这一步是为了确定内容的定位、目标人群、内容的来源渠道。这些我们在新媒体内容定位章节已做过详细的阐述。

关于内容的创作和采集,笔者分享几点自己的个人经验:

- 新媒体时代,创作者尽量创作短小精悍的内容,避免长篇大论,造成最后没人看的尴尬境地。
- 原创和转载要保持合理比例,原创为主,转载或二次加工为辅。
- 做好转载和二次加工,也会给自己的新媒体号带来意想不到的用户流量。
- 对自己已发布过的作品,需要重点研究那些高浏览量爆款作品的核心基因,总结出经验。

举个例子,图6-1是笔者在微信群中转载的一条内容,很简单,只包含一句话和一张图,却在第一天就产生了约50万的阅读量,第二天达到了64万阅读量。这是我写原创文章从未达到过的阅读量。另外点赞、评论以及转发数都非常理想,而且在一天的时间内就带来了上百新增粉丝关注。这个微头条能爆活,经我分析有两点原因:其一,当时正好赶上新闻热点;其二,图片

147

很形象，一看就懂，这就是"一图胜千言"的魅力。

图6-1 一条内容转载的微头条

所以对于那些不屑于转载，只愿意原创大文章的创作者来说，也可以适当尝试一下这种转载再加工的小图文、短文章等。

把文章写长很容易，但是把文章写短却很难，因为在碎片化阅读时代，人们对内容的阅读时间其实是越来越短。笔者之前很喜欢写深度分析的大文章，但发觉阅读效果并不尽人意，然后便改变策略：以1000～1500字的小短文为主，以3000字左右的大长文为辅，同时偶尔用转载小图文、二剪类短视频等内容形式做补充。对于笔者这种擅长以图文写作为主的创作者而言，这些是再合适不过的内容创作策略。建议各位创作者根据自身的创作优势来决策如何做好内容创作和采集的相关工作。

6.2.2 内容的管理和呈现

创作者需要对打造过的优质内容定期进行整理归类，以实现内容的二次曝光。每个新媒体号，在每隔一段时间的内容生产之后，或多或少都会产生一些内容精品。作为内容运营，就可以尝试把这些精品内容整理归来，并添加到例如主页、文章末尾等位置，从而实现内容的二次曝光，以吸引新用户阅读，也方便老用户对精品内容进行查找。如图6-2所示的"设计师阿爽"的短视频合集。

第6章　新媒体运营技巧

图6-2　"设计师阿爽"的短视频合集

筛选优质内容的方法其实很简单：一种是创作者有意在创作的过程中就设定好的专辑系列；另外一种就是根据阅读量、点赞、评论和转发等数据来判断作品是否是真正符合大多数用户胃口的优质内容。

另外，每当有新用户关注账号或私信账号时，我们就可以将整理好的精品内容合集链接推送给用户，或者用户可以回复关键词来领取资料，这样就方便新用户对创作者的优质内容有一个快速了解。图6-3是"电商狮友会"公众号的主页对话框以及干货集锦截图。

我们也可以把优质内容整理制作成资料文档包，提供给用户下载，或者发布于在线文档共享平台上。记得要在资料文档中添加上自己的新媒体账号，和可以与粉丝进行互动的微信号等联系方式。

优质的内容如果不加管理和二次呈现，其实就是一种浪费。创作者定期对过往的优质内容进行整理归类，把这些内容放置在新用户最能接触到的渠道的显眼位置，将会非常有利于用户

149

对创作者的创作实力予以认可。

图6-3 "电商狮友会"公众号的主页对话框以及干货集锦截图

6.2.3 内容的传播和扩散

有优质的内容,还需要考虑如何把这些优质内容广泛传播和扩散出去,以增加账号的影响力。也就是说,尽可能降低用户触及这些优质内容的门槛。

以微信公众号为例,微信是一个封闭的生态系统,它属于熟人社交工具。因此,要利用微信公众号进行内容传播,就得按照微信的生态规则来操作。比如,创作者在文末需要引导用户关注账号,呈现一些相关或相近的内容供用户直接点击,引导用户添加个人号微信,引导用户点击右下角的"在看"等操作。这些都是为了让内容能更高频地触达用户末端,增加内容曝光的频率和广度。图6-4就是很好的例子。

第6章 新媒体运营技巧

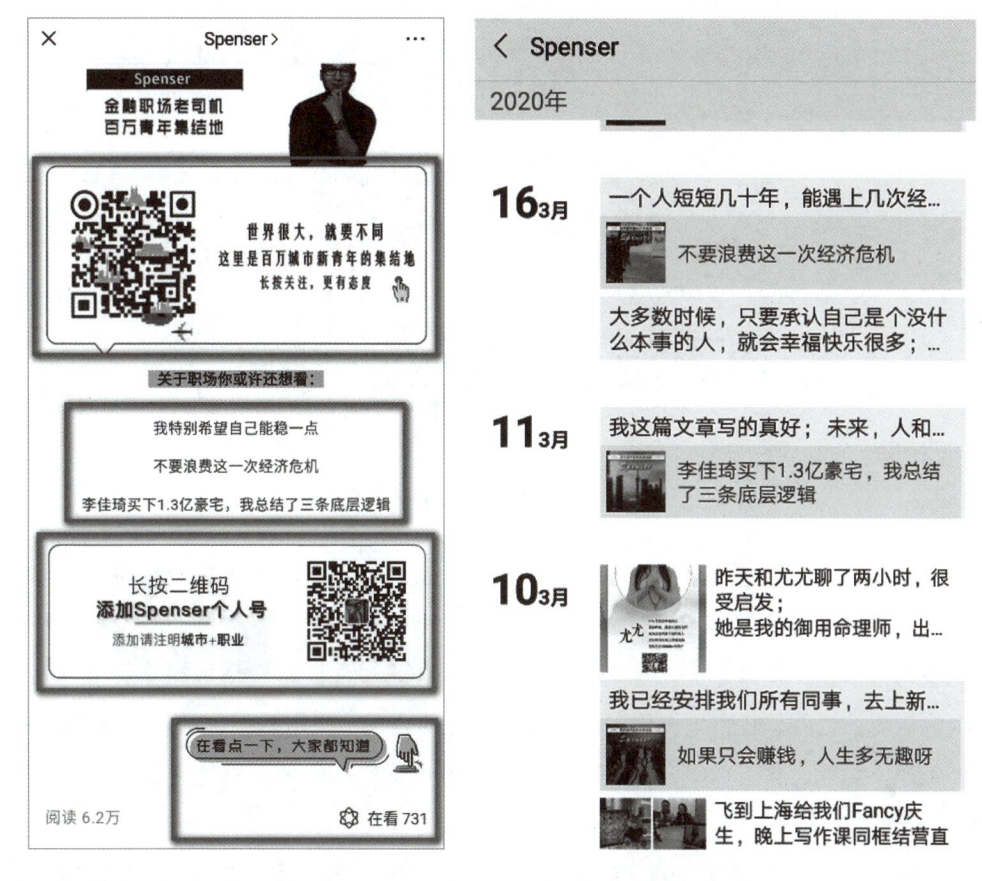

图6-4 "Spenser"公众号文章末尾以及个人号主页截图

微信公众号的内容要成为爆款，它必须要被很多人转发进行扩散传播才有机会。所以微信生态的内容其实是基于转发而设计的。为何公众号的号主大多会提醒粉丝多多转发分享自己的文章内容？其实就是这个原因。

再来说说今日头条系的产品：头条号和抖音等。今日头条系生态与微信生态最大的不同是，它是一个开放的平台，并且它的内容分发依靠的是智能推荐算法在支撑。只要内容优质，哪怕是一个很新或粉丝很少的新媒体小号，也可以得到推荐算法的智能推荐，从而获取到用户流量。

今日头条的推荐体系是基于用户的阅读反馈，包括用户的点击阅读、文章是否读完、文章点赞、转发、评论行为，各个行为有一定的分值，从而形成了一套文章推荐指数，整个体系将全局数据及个性化数据结合得非常好，我们看到的信息流包含人工推荐、全局召回、群体召回、个性化召回、场景及环境匹配等内容。机器推荐算法的简化模型如图6-5所示，整个流程总共分三部分：给内容贴标签，给人物贴标，按照标签智能个性化推送。

151

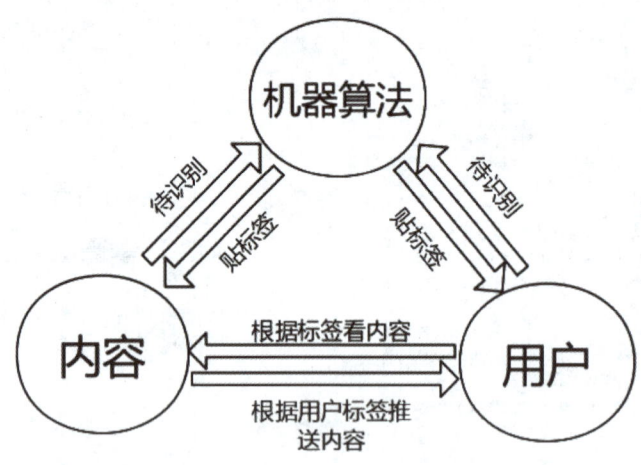

图6-5 机器推荐算法的原型

抖音算法的魅力在于其流量分配是去中心化的。在公众号上，如果你没有粉丝，你发的内容就不会有人看。但抖音就不一样，每一个抖音用户所拍的任何一个视频，无论质量好坏，发布后一定会有播放量，从几十到上千都有可能，这叫作流量池。抖音会根据算法给每一个作品分配一个流量池。之后，抖音根据你在这个流量池里的表现，决定是把你的作品推送给更多人，还是停止推送。因此，抖音的算法让每一个有能力产出优质内容的人都能得到与大号公平竞争的机会。抖音推荐逻辑的三个关键词如下：

- 流量池：基础流量池受标题、封面、分类标签、用户垂直精准度影响，然后抖音会根据评论、转发、点赞和完播率数据来决定是否给作品连续加持流量。
- 叠加推荐：账号权重、初始流量池用户反馈、已有粉丝反馈、外部真实账号激活（互赞互评互转一类）行为等都会增加系统叠加推荐概率。
- 时间效应：账号翻红的可能性，旧的内容给到新的用户，也叫"抖音会挖坟"。

我们了解这些算法机制的目的是学会如何触发推荐机制，并让我们所创作的内容更加符合算法特性，从而让推荐算法能更多地去帮助传播和扩散我们所创作的内容。

6.2.4 内容的评估和优化

在创作完内容，并传播扩散出去之后，我们还需要知道内容的传播效果如何，故而需要对用户行为检测以及对相关数据进行量化分析来判断效果。

以下这些用户行为所产生的反馈数据有助于我们对自己的作品进行效果评估：

- 阅读率

在微信公众号中，阅读量与粉丝数的比值即为阅读率。目前用户黏性较好的公众号其阅读率在5%以上，一般情况下多在4%以下。头条号中阅读量与推荐量的比值也为阅读率，正常值大约在10%，低于这个值表示内容不够吸引人，高于这个值则容易成为爆款。

- 点赞率

用户的点赞数量与播放数的占比，主要影响推荐量。点赞是源自用户对内容价值的认可，它还会以打赏、收藏等方式体现。抖音官方公布的优质视频点赞率是3%，如果你的点赞率至少为3%，那么抖音算法机制会给你更多的推荐量。

- 转发率

它包含不同渠道的转发，包含是否在评论里面@好友。内容的转发率越高，抖音算法推荐越高，推荐到首页的转发量就会越高。用户自愿转发的心理大多为：好消息要分享、这条内容显得我品位很高、内容有趣有用、和自己的想法一致、转发出去让朋友评论并产生社交互动等。

- 完播率

完播率是指完整看完视频或听完整档节目的人数比例。比如有100人看了你的视频，但是从头到尾看完的只有70人，那么这条视频的完播率就是70%。内容越短小精悍，其完播率越高，所以建议尽量控制好内容篇幅或音视频长度，并提高内容的质量。

- 评论量

它包含用户评论数量，还包含用户查看评论数量、评论点赞数量。评论量越高则说明内容越有话题性。一般内容能有上百条评论就很不错了，说明选题切中用户痛点。如果能有上千条评论，那基本就是爆款内容。

- 粉丝量

包含现有粉丝量、新增关注粉丝量及取关粉丝量。一个优质内容至少能带来上百个新增粉丝关注；而如果内容发布后导致用户取消关注量大于新增关注量，说明内容的选题方向和观点视角与现有粉丝在观点上存在分歧冲突。

创作者以这些数据作为基础，在接下来的运营工作中可以有方向地进行调整和优化，以便达到更好的运营效果。

6.3 用户运营

用户运营是指以用户为中心，遵循用户需求，制定运营机制，达到引入新用户、留住老用户、保持用户活跃及付费转化的目标的运营过程。下面笔者就新媒体用户引流涨粉的方法和打造社群、构建私域流量这两大用户运营关键要点进行详细讲解。

6.3.1 引流涨粉七大技巧

新媒体如何快速实现吸引用户流量以达到涨粉丝量的目的，这是大多数创作者最关心的话题之一，因为有些创作者发现自己辛辛苦苦地写文章、拍视频，结果阅读和观看量少得可怜。长此以往，很容易让创作者的创作激情受到无意打击。

笔者认为，创作者首先应该先摆正心态，不要有"一口气吃个胖子"的这种急于求成的想法。然后，创作者要找准自己的定位：自己适合做针对哪一类细分人群的新媒体内容？目标用户群体的真实用户画像是怎么样的？针对这类问题，创作者都应该深度思考一番，而不是一拍脑门、愣头青一般地直接开干。最后，创作者还需要有清晰的运营思路和有效的运营技巧。这样，我们方可在新媒体创作之路上大有可为。引流涨粉七大技巧如图6-6所示。

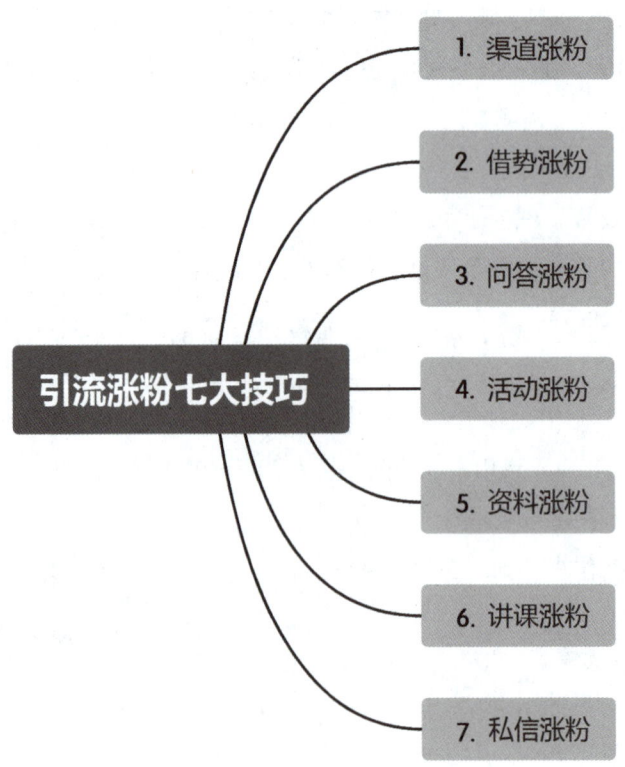

图6-6 引流涨粉七大技巧

下面，笔者列举一些行之有效的引流涨粉思路与技巧：

1. 渠道涨粉

通过将内容发布在多个社交网站平台，形成多平台分发引流涨粉的效果。一般常见的社交网站有：豆瓣、知乎、简书、新浪微博、QQ空间、果壳、百度贴吧、论坛、天涯社区等。我们只需要在这些SNS社交网站上发布一些自己创作的文章、音视频内容等。同时，我们在个人资料中加入需要最终导流的目标公众号、微信等新媒体账号，这样就可以将网站上的零碎用户集中到目标中心账号上。

2. 借势涨粉

一般是借助KOL意见领袖的声望来帮忙推荐我们自己的新媒体号。这些KOL是在经历了长期用户积累而获得网友信任的网络公众人物，所以他们的一句推荐，往往会给一个新媒体初级创作者带来很大的流量。如果我们能和KOL建立联系，形成价值合作点（一般是异业合作），那么借助KOL群体领袖帮你进行推荐和传播，你会很快获得很多铁杆粉丝的支持。

3. 问答涨粉

常见的问答平台有百度知道、知乎问答，这两者是在PC端非常流行的问答平台。现如今移动端也出现了很多问答平台，比如头条系的悟空问答，还有以知识付费为主打的知识星球。这些问答平台都已经做得非常智能化和精准化，所以只要你能够找到和自己所创作内容相关的问题，进行翔实的解答，那么网友在浏览你的回答内容时，就会很自然地关注你的账号。同时，优质的问答具有长尾流量的优势，会帮助你很容易获得源源不断的新粉丝关注。

4. 活动涨粉

即通过线上或线下活动来吸引粉丝关注账号。互联网线上活动大多借助微信、今日头条、支付宝等互联网平台。比如，微信小游戏、抽奖、投票和助力等，这种一般都有第三方的平台可以让你创建这类活动，然后你再将活动分享在朋友圈或者微信群中，即可让众多人参与以达到涨粉目的。线下活动往往会要求用户签到、打卡、关注享折扣或分享朋友圈集赞等，这样一系列操作之后，主办方再赠送用户一点小礼品，即可很轻松地收获很多粉丝的关注。

5. 资料涨粉

用资料包来进行涨粉，提供用户需要的资料，吸引他们的关注。资料涨粉的底层逻辑是：让用户付出代价，从而获取他们想要的东西。只要是社会活动中的成年人就会面临工作和生活中的各种资料需求，比如，职场人会对精美PPT模板的资料包有需求，爱书之人会对电子书资料包有需求，准备面试的人会对简历模板资料包有需求等。我们只需要做好相应人群所需要的资料包，并设计好宣传文案和海报，即可低成本高回报地收获一众新用户的关注。资料包要力求小而美，且质量要高。

6. 讲课涨粉

通过线上或线下讲课的方式来吸引用户听课，也可以实现涨粉目的。知识付费现已成为一种被大众认可的消费行为，如果作为创作者的你做一场免费的讲课，这样会很容易得到一些铁杆粉丝的支持，以及新增用户的关注。同时还可以尝试用"拼团听课享优惠"的用户裂变模式来获取新增用户。讲课建议设定适当门槛，比如"一元报名"，到场听课结束后会退款，这样可以有效避免出现用户报名后又"放鸽子"不来听课的情况。

7. 私信涨粉

通过引导让用户主动给自己的账号发私信，然后设定自动导流关注账号的回复文案，以实现涨粉。有些新媒体平台不需要内容中出现明显的营销账号信息，那么就可以尝试在内容中提醒用户主动给自己的账号发私信的方式来触发自动回复，以实现用户主动关注账号的效果。其实，有些平台也设定了私信规则，要求必须先关注账号才能发私信，所以引导用户发私信就等价于让用户主动关注自己。

以上这些用户引流涨粉的方法技巧，只需各位创作者在运营过程中加以运用，即可收获良好的涨粉效果。创作者最好结合自身的优势来选择其中的方法，同时也要保证在内容优质的前提下做这些用户运营操作，否则容易适得其反。

6.3.2 揭秘私域流量

读懂私域流量，首先要了解流量池的概念。流量池指的是流量巨大，比如淘宝、百度、微博等，只要预算足够，可以持续不断地获取新用户的渠道。

私域流量是相对其而言的，指的是我们不用付费，可以任意时间、任意频次，直接触达用户的渠道，比如自媒体、用户群、微信号等。私域流量和公域流量对比如图6-7所示。

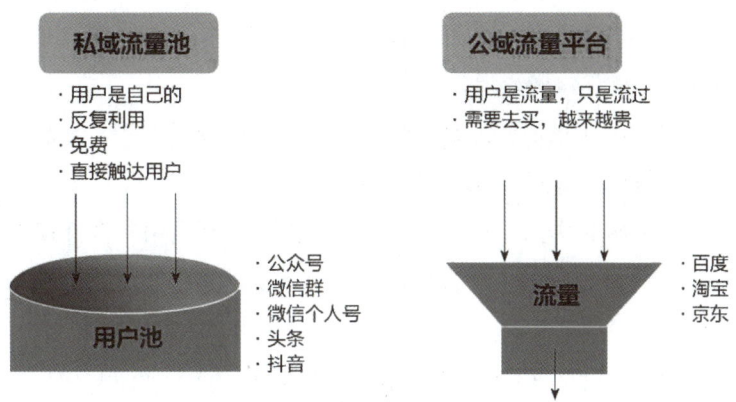

图6-7　私域流量和公域流量对比

私域流量的营销理论可以用鱼塘营销理论来解释：把用户比喻为一条条游动的鱼，把用户聚集的地方比喻为鱼塘。根据自己的营销目标，分析鱼塘里不同用户的喜好和特性，然后抛出不同的鱼饵，最终实现捕鱼成功。

一切私域流量都是从一个泛精准的流量池开始逐渐养成的。私域流量的逻辑不在"割"，而在"养"。一方面，要构建流量漏斗体系，培养越来越多的精准流量；另一方面，要构建用户漏斗体系，将陌生用户培养成为你的超级用户。

私域流量具有以下三个优点：

1.流量更可控

公域流量千千万，但是并没有与我们发生任何关系，只有把公域流量中的部分用户导入自己的私域流量平台，才算得上是自己的用户，后续才有针对这些用户的服务或变现等情况发生。

2.性价比更高

现在的互联网流量已经变得越来越昂贵了，不花钱就想轻易获取到用户是一件很困难的事。而一旦将用户导入自己的私域流量平台，比如微信群、QQ群等，那么我们就会更有营销主动权，且无须支出过多的费用。

3.具备深化服务的可能性

以公众号为例,用户关注公众号后,会持续享受号主提供的阅读内容。当这个公众号被越来越多的用户关注时,这个号主就成为网红,此时这个号也就成为私域流量池。那么号主就可以顺势推出一些针对用户的深化服务来进行变现。

私域流量既然也是一种流量池,那么它也应该有相应的载体形式。一般而言,常见的私域流量载体有公众号、微信群、QQ群、微信号、独立App等。

公众号,一般很多人将它作为第一私域流量,让多渠道平台用户全部都汇聚到一个公众号上,这样会有利于对用户进行管理,并且微信公众号本身就是一个封闭的生态系统,很适合做私域流量。

微信群和QQ群都属于社群,将公域用户汇聚到社群中,然后实时与用户互动交流,这是用户运营的常用手段,也是一种非常有效的私域流量池。

微信号,将其用作用户运营的正确方法应该是打造KOC(关键意见消费者)。KOC一般指能影响自己的朋友、粉丝,产生消费行为的消费者。KOC相比KOL(意见领袖)而言,其实可以看作用户的贴身服务管家,那么我们就可以站在用户角度来针对性地发朋友圈内容,比如一两句个人见解、一些励志语录、有趣的段子等。这些都是KOC个人号的标签。

App这种私域流量池,一般适合当企业在细分领域做大做强时,独立开发一个适合自己的企业或行业的App。另有一些已经拥有上百万粉丝的新媒体号,也可以考虑开发自己的App,比如罗振宇在公众号做大之后,就独立开发了"得到"这款App,它其实就是一个超私域流量池。当用户导入App中,就真正完成了对用户价值转化的闭环。

有了私域流量载体,接下来就应该思考如何把用户从公域流量池导入私域流量池。最常见的有两种方式:其一,*利益诱导*,比如用户关注账号后给予其红包奖励等;其二,*依靠优质内容来实现用户转化*。

当用户进入我们的私域流量池之后,并不意味着工作就结束了,相反,这是一个新的开始。此刻的用户运营重心应该放在用心维护用户上,主要实现用户留存和促活这两个目的。建议运营者把用户当作朋友一样去对待,无论是用微信号一对一沟通或者是在微信群、QQ群里互动交流,这些都是非常有用的维护私域流量的方法。

6.3.3 优质社群的构成

社群运营是用户运营中打造私域流量最为有效的一种方法。在前期人手不够的情况下,做社群运营要比做一对一用户运营更有效率。而且在社群运营的过程中，其实也是挖掘铁杆粉丝，培养创作者与粉丝之间感情的一个过程。因为更加直接的沟通也使创作者能高效地了解粉丝真正的内容需求是什么，而不用再无的放矢。

网络上流传着这样一张有关优质社群构成的PPT截图，如图6-8所示。

图6-8　有关优质社群构成的PPT截图

一个稳定活跃的优质群构成：活跃群主＋意见领袖＋行业小白＋帅哥美女＋口水闲人＋愤青＋吃瓜群众。

当一个社群拥有了这些人群之后，该社群会变得稳定且活跃。笔者自己也运营了一些社群，所以对该观点也是非常认可的。

群主必须"会来事"，因为如果一个群没有群主来带动话题和主动发言，那么这个群就如同"死群"一样。

拥有意见领袖的好处在于他可以和群主一起把社群做活跃。优秀的意见领袖可以直接向其分配权力权限，这样也减轻了自己的管理负担。

高颜值的帅哥美女可以促进群内成员之间的互动，颜值高就自带吸引力。

爱爆口水的闲人不会让社群一直冷场，他们随时都可以丢一个话题激活社群。

愤青在于能制造话题冲突，短时间内提高社群的活跃度。

红包越多的社群越优质，如果还有一些抢红包会说谢谢的"吃瓜群众"，那么说明这个社群整体素质比较高。

6.3.4 社群运营实战方案

社群运营也有相应的章法，下面笔者就此分享一套有关社群运营的实战方案，以供读者在实际运营中参考之用。

1.社群引流

通过新媒体平台发布图文、音视频内容来吸引粉丝关注，先加个人号，再一对一拉进社群。还可以让用户直接扫码入群，或者裂变式邀请入群等。

2.社群群规

（1）入群前须知

自我介绍：有固定模板，入群需要填写自我介绍，发布于群内，让大家知道；

进群红包：进群需要发入群红包，设定起步金额作为门槛；

退群规则：进群之后不设退款，不得换群，可更换微信号；

社群话题：不要过多地发布与社群定位无关的话题。

（2）社群禁止行为

禁止发布图片、文章链接、二维码等形式的商业广告，若发现此类行为警告一次，违规两次清理出群；

禁止私自拉群另立山头，破坏社群和谐；

禁止发布违规违法内容和社群无关话题。

（3）社群鼓励行为

经验分享：自己的项目，技巧，经验；

积极互动：交流才能收获更多信息、了解更多其他人的经验技巧；

积极打赏：定期邀请优秀的群友、作者、大V分享，积极打赏；

资源对接：群内资源互相对接。

3. 社群价值输出

社群价值主要体现在：信息交流，资源对接，技能分享。

(1)每个月至少1～3次的经验技能分享，分享者可以是群友，可以是群主，或邀请大V分享，要提前发布公告；

(2)免费邀请一些活跃的群友进来，邀请一些大V、优秀作者进入，能够产生更多有价值的话题点；

(3)价值沉淀：社群精华内容、课程、技能分享，以视频、音频内容形式保存在荔枝微课或者知识星球。

4. 社群日常维护

(1)招募群友或兼职人员作为小助手来维护社群，也可考虑用社群机器人软件。他们的基本职责是踢出广告党，净化社群，同时参与群内互动并解决大家的问题；

(2)社群小助手每天要有社群运营任务，比如邀请新粉丝入群、发布每日相关资讯，分享其他渠道采集的优质内容到社群中等；

(3)群主需要定时定期参与到社群交流互动中，多跟群友聊天是建立信任感的最佳方式，也能收获一批忠实粉丝，付费的基础是信任。

6.4 活动运营

活动运营是指围绕既定运营目标而系统地策划与实施的相关活动。活动运营是一种很常见的运营手段，它一般会和内容运营、用户运营结合起来运作。一个活动运营必须事先明确活动的目标，并持续跟踪活动过程中的相关数据，做好活动执行、跟进和效果评估。

6.4.1 活动运营的完整流程

活动运营的完整流程一般包括：阶段计划、目标分析、玩法设计、物料制作、活动预热、活动发布、过程执行、活动结束、后期发酵、效果评估等全部过程(见图6-9)。

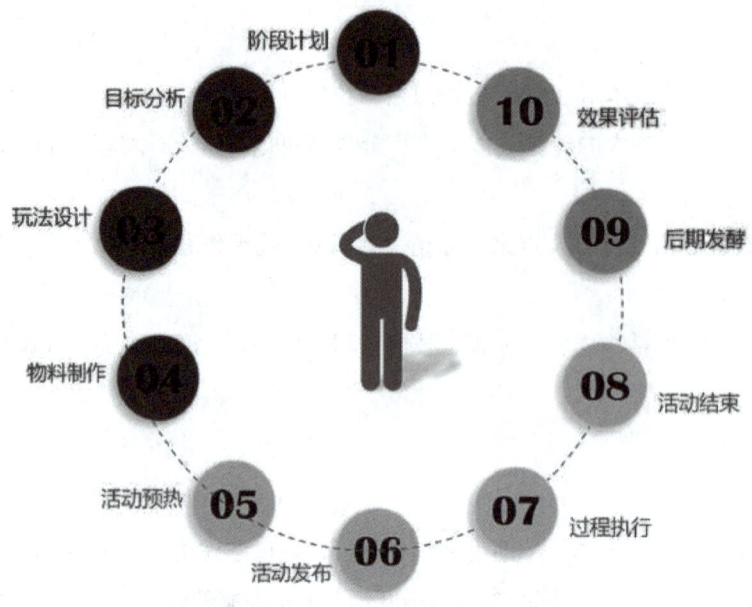

图6-9 活动运营的完整流程

活动运营完整流程具体分解如下:

(1)阶段计划:运营者需要在每月度、季度、半年度和年底结合节假日、周年庆等热点时间点,制订下一阶段的活动计划。

(2)目标分析:在每次活动开始前,运营者都要先把活动的目标拆解清楚,根据目标来设计活动玩法。

(3)玩法设计:玩法要紧扣活动目标,同时在设计玩法时要充分考虑用户特性、渠道特性、品牌特性。另外,玩法设计过程中要进行内部验证,多方挖掘玩法漏洞,规避玩法漏洞带来的风险。在设计玩法的同时,运营者需要将目标数据植入玩法,以便于对活动进行监控。

(4)物料制作:活动物料既包括线下物料(如易拉宝、宣传单、条幅),又包括线上物料(如活动海报、活动视频、活动文字)。物料必须在活动发布前制作完成。

(5)活动预热:是指在活动正式发布前的一系列宣传、引流、聚客等行为。预热的时间长短不一,但一般不超过一周。一般通过设置悬念、透露细节、发布优惠等手段开展。

(6)活动发布:在方案预定时间准时发布,包括活动的完整玩法、注意事项、规则解释等。

(7)过程执行:按照预定方案逐步执行。过程中密切监控数据,如果没有达到预期目标或出现突发状况,要启动预案,调节活动进程,化解风险。

（8）活动结束：及时发布活动结束信息，同时对活动中涉及的需要对外公布的信息（如中奖名单）等及时发布。如果不能同步发布，要给出明确的发布时间和渠道。

（9）后期发酵：整理活动照片、视频、留言截图等，进行二次传播，完成活动后期的发酵工作。

（10）效果评估：评估活动效果，并带领团队复盘，将活动经验归档，以便于后期活动的持续改进。

如果将运营活动的这十大环节按照活动前、活动中、活动后三个阶段来划分，则可以将活动运营归纳为三个关键部分：活动策划、活动执行与活动复盘。

6.4.2 如何做好活动策划

活动策划属于活动运营前期的一个重要部分，它包含阶段计划、目标分析和玩法设计。活动策划人员作为活动运营的大脑，势必会对整个活动运营的成功与否起到关键性的作用。

那么如何才能做好活动策划工作？笔者在此分享以下三点经验：

1. 活动主题要有话题性

任何活动都是社会文化的一部分，没有哪一场活动是孤立于社会之外的。一名活动策划如果对社会有很强的洞察力，则可以相对容易地在活动中引入社会关注的热点与话题，从而增强活动的话题性。

2. 活动流程要有参与感

对活动玩法的设计要尽量降低用户的参与门槛，这样才能让更多人参与到活动中来。

3. 活动步骤要有可操作性

活动的参与步骤要尽量设计得简单易懂，规则不必弄得太过复杂，要增强用户的上手操作性。

4. 活动目标要有明确性

活动的目标要清晰明确，利于自己的新媒体运营，也能让用户得到相应的物质或精神奖励。

6.4.3 案例拆解之"4小时逃离北上广"

教科书级的营销案例"4小时逃离北上广"曾创造出了刷屏级的传播效果,公众号文章《我买好了30张机票在机场等你:4小时后逃离北上广》,如图6-10所示。在发布当天下午5点就已斩获116万阅读量、5200多条文章留言、后台互动留言8万多条,公众号涨粉近11万。其发布2小时后上热搜,"#4小时逃离北上广#"话题阅读量高达1322万。

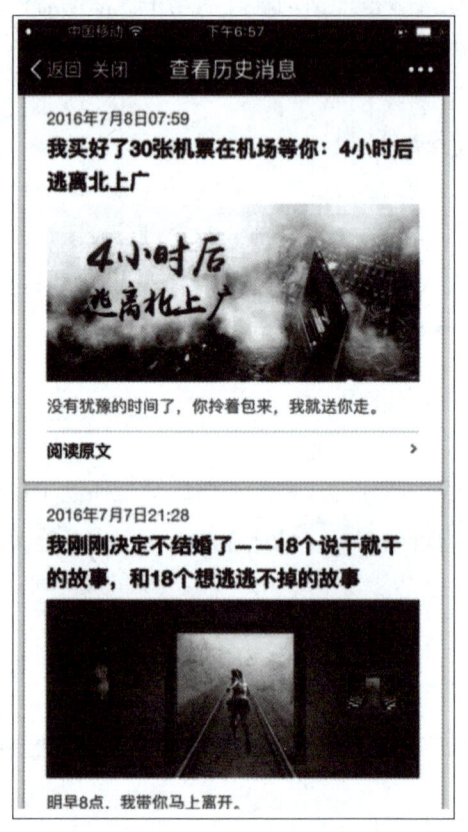

图6-10 "4小时逃离北上广"的微信公众号文章截图

该活动策划很好地将线上新媒体内容与线下活动进行了有机融合。其活动运营能大获成功,主要有以下几点原因:

1. 准确的人性把握

抢免费机票的活动其实很多,但是能把这类活动渲染成"当断则断,向死而生"的阵势,是不多见的一次。它主要借助了其公众号自身高度吻合的粉丝群,并且在文案内容上,全文用第二人称的语气,对人的触动更加强烈,相当于加入了"点名"环节,更加容易激发读者去行动,不管是参与活动还是转发。

"现在是早上8点,从现在开始倒计时,只要你在4小时内赶到北京、上海、广州这3个城市的机场,我准备了30张往返机票,马上起飞,去一个未知但美好的目的地。"

2. 发酵式的传播设计

该预告发布在活动正式开始前10小时,同时在微博上也做了预告。当天下午1点左右就开始复盘整个活动的策划方案,包括文艺连萌和知乎上都有长文详细介绍策划者的构思,有预谋、有计划的可能性非常大。

在知乎、微信等渠道上很快就有人探讨压力山大的北上广是否真的能够逃离,北上广对我们的吸引力是什么?以及会被这种活动召唤的人是否要被开除或者拉黑,是不负责任还是放飞自我?

机票上任务的设置符合文青的设定,利于三次传播,并且在这30个人出发之后还会有后续的游记、心得和照片等内容跟进,如图6-11所示。然后迅速使得事件发酵进行再次传播。

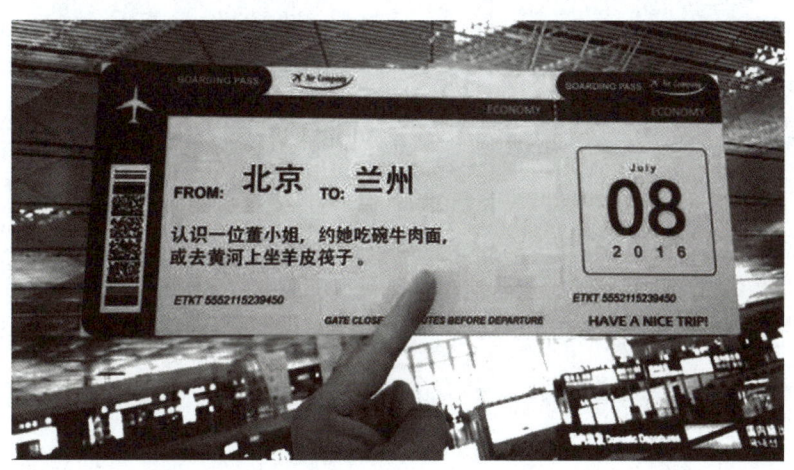

图6-11　符合文青设定的机票任务

3. 恰到好处的时间选择

首先,7月初这个时间点本身就蕴含有"暑假"情节在里面。其次,周五早高峰做这个活动,也有一定的小心机,因为一个在大城市里的上班族,往往在周五那天都内心期待着解放,这在潜意识里就是一种逃离。

4.福利助燃活动传播

本次的活动仅仅30张国内航班机票，总体费用5万元左右，所以这个机票福利并不算核心关键。福利主要在于助燃整个活动并推动传播。活动营销怎么用好福利，是门技术活。

6.4.4 案例拆解之"粉丝聚会活动"

线下活动的主题和形式很多，而对于新媒体创作者而言，最常见的线下活动运营当属粉丝聚会活动。因为当你的账号关注者达到一定数量时，一般会有粉丝主动要求创作者开展线下粉丝聚会活动，所以笔者在此就以粉丝聚会这个线下活动为案例来进行拆解说明。

下面是一则常见的粉丝聚会活动流程安排文案：

说了很久的公众号粉丝线下见面会终于要来了。这是第一次粉丝聚会，大家可以聚一聚、聊一聊。报名请先在公众号内线上提交报名信息，审核通过后会有短信通知和电话确认。如有其他疑问，可以与最下方活动联系人沟通。

活动说明：

（1）活动人数规模：上限50人。

（2）本次活动全程免费，参加人员需要交纳50元保证金，参加活动结束后可退还，爽约不退。

（3）活动目的是互相交流思想、结交更多志同道合的朋友。

（4）时间在9月22日晚；地点会提前3天通过手机短消息通知你；放心，肯定在上海市中心。

（5）既然是公众号粉丝聚会，因此，所有参加者必须先关注本公众号再提交报名信息，不接受空降现场。

活动时间及地点：

2019年9月22日（周日）14:00～19:00。

为防止空降，地点将通过手机短信告知。

活动流程：

14:00～15:00：活动签到；

15:00～15:30：组织者活动主题分享；

15:30～17:00：参会者自我介绍与分享（你能同时结识很多新朋友）；

17:00～19:00：合影+自由交流+聚餐。

活动联系人：刘先生（电话：15888668866，微信同号）

粉丝聚会活动拆解分析如下：

1. 活动流程安排要清晰易懂

线下活动招募一般包含概要说明、活动要点说明、活动时间及地点、活动流程和活动联系人这些主要信息即可。

2. 活动人数要限制且可控

参与活动的人数最好要有限制，人太多的活动对组织者要求也会提高，效果还不一定好。保证参会人员的确定性，可以尝试用短信和电话双重确认的方式。

3. 营造线下活动的稀缺感

大家对免费的活动往往不会太重视，笔者建议对线下活动加入一些小门槛，以筛选一些不必要的无关人员。通过公众号线上报名再审核参会人员的方式，其实既可以增加公众号的新增粉丝关注量，也营造了线下活动的稀缺感，同时也让参会者有一种被选中的幸运感。

4. 参会者互动可以很好地活跃气氛

一个线下活动如果只有组织者在表演或演讲，而缺乏与参会者的互动交流，显然是失败的。新媒体活动运营应该更加重视互动这一环节，它不仅可以避免组织者"一言堂"的尴尬场面，同时也可以很好地活跃活动气氛。

6.5 运营工具箱

"工欲善其事必先利其器"，新媒体运营者都应该预备一些常用的"运营工具箱"，这样会便于自己在运营过程中提升工作效率。"运营工具箱"一般包括两样东西：软件工具和资源素材。

6.5.1 软件工具：资深运营的瑞士军刀

运用好合适的软件工具，可以让我们在新媒体运营工作上如虎添翼。笔者在此汇总了一些常用的新媒体运营软件工具，希望能帮助大家。

● 数据工具

百度指数：很好用的内容选题工具。

5118：国内好用的网站数据工具。

新榜：专注公众号数据。

清博指数：专注公众号数据。

● 着陆页工具

MAKA：H5模板丰富，上手容易。

易企秀：同MAKA差不多，但是设计感显逊色。

ih5：目前中国最强大的H5制作工具，上手具有一定难度。

Strikingly：硅谷的中国团队出品，目前国内最容易上手制作着陆页的工具。

● 设计工具

创客贴：目前国内在线设计工具的老大。

Fortor：全球1.9亿用户的在线快速平面设计平台。

瓦斯：腾讯模仿Canvas做的产品，更适合制作信息图。

Canvas：国外产品，创客贴的原身。

PowerPoint：微软的快速设计工具。

Sketch：仅限Mac使用，正在逐步替代PS成为主流的UI设计工具。

● 排版工具

Markdown Here：公众号最骇客的排版辅助工具。

秀米：目前使用量最高的公众号排版工具。

i排版：同上，但是页面比较乱。

135编辑器：同上，但是页面比较乱。

● 视频工具

Spark：Adobe出品的在线视频制作工具。

VUE：快速制作电影级的短视频。

Videoleap：非常强大的手机端视频剪辑神器。

小影：新媒体短视频创作工具。

剪影：全能好用且免费的抖音官方剪辑工具。

喵影工厂：原名万兴神剪手，简单好用的计算机端视频编辑工具。

● 配色工具

Kuler：Adobe出品的强大配色工具。

配色表：国内网页设计常用的色彩搭配方案。

千图配色：配色的小工具比较多。

● 运营辅助工具

新媒体管家：内嵌在微信公众号的运营助手，具有排版、找图、永久链接等辅助功能。

壹伴：和新媒体管家功能类似，小而美，用户体量稍微小一些。

微小宝：可以把同一篇文章同时发布到不同的平台，类似国外的Buffer。

西瓜公众号助手：同为辅助工具，比较亮眼的功能包括违规检测、粉丝预估、定时发送等功能。

● 表单工具

麦客：个人最喜欢的CRM工具。

金数据：在某些数据管理上功能更强，但是CRM功能弱。

● 活动工具

活动行：目前国内主流的活动发布工具。

孤鹿：社群运营工具，也可以方便地发布活动、进行报名收款。

● 电商工具

有赞：国内最强大的移动电商工具。

小鹅通：主要用户课程电商产品。

千聊：语音直播类课程的工具。

荔枝微课：和千聊差不多，课程裂变分享的功能做得好一些。

● 社群工具

知识星球：微信社群工具，帮助公众号连接粉丝，通过提问、文章向粉丝收费。

小社群：小鹅通模仿小密圈出品的工具，如果和课程一块做，可以和小鹅通整合得深一些。

微友助手：可以设置关键词回复、广告链接提醒、定时发布，实现社群的自动管理功能。

● 二维码工具

草料二维码生成器：功能非常强大的二维码工具，活码、静态码一一俱全。

第九工厂：可以设计比较个性化的二维码。

- 短网址工具

六度短网址：带监测功能的短链接工具。

新浪微博短网址生成器：新浪出品，服务稳定。

UTM生成器：模拟最高效的URL Builder，其生成的网址所记录的用户行为都可以在Google Analytics上被监测到。

- 图床工具

极简图床：直接拖放生成图片外链。

6.5.2 资料素材：按需用材，手到擒来

巧妇难为无米之炊，光有运营工具而没有资料素材，即使再厉害的运营达人也很难开展运营工作。笔者在此汇总了一些常用的新媒体运营资料素材库，以供读者在运营工作中做参考之用。

- 图标资源库

iconfont：阿里出品的图标库。

TheNounProject：国外最全的免费图标库，种类丰富。

- 图片资源库

Unslpash：大量高清免费商用图片。

Gratisography：高清风格化摄影图库。

Pond5：图库种类更多，但是部分收费。

Stock XCHNG：同上。

- 视频素材库

Mazwai：这是我最喜欢的视频库，主要集中在风景、建筑主题上。虽然没有严格的分类，但是每一段高清素材都具备电影级别的质感。

Pexels：Pexels拥有大量的免版权的高清素材库（CC0协议，不用署名也不用付费），按列别主要分为动物、街道、山川、延时、模糊、食物、城市、饮料、天空等。你可以把其中的视频放到官方网站、销售引导页以及任何商业项目中。虽然东西都是免费的，但是质量都是极高的。你可以通过邮件实时订阅他们的素材更新。

Wedistill：技术服务公司Create The Bridge的子项目，每10天会上架10段视频，全部是免费高清的广告素材。

Videovo：庞大的素材库，有超过3000条视频素材。除了高清视频素材，还有动画素材，相对其他素材网站，其比较好的一点是，可以根据素材关键字和热门度进行检索。

Coverr：Coverr通常每周会上架7个新的视频，视频的分类会比Pexels稍微少一点，但是如果是初创的互联网企业，Tech各个类别的素材要比Pexels好很多。

● 设计灵感库

Behance：Behance是作品集平台，重在系统地展示，尤其是系列作品。

Dribbble：Dribbble则是一个让设计师发布正在创作中的作品的地方，需要会员邀请才能发布作品，相对Behance种类较少，但是风格更时尚。

花瓣网：国内设计师寻找设计灵感的天堂。

● 配乐素材库

Marmoset：最强大的配乐工具，它能根据你的视频配乐所要表达的情绪、能量、长度、风格、是否带人声等要素，直接筛选后推送对应的配乐。

Musicbed：纯粹的配乐素材库。

Song Freedom：纯粹的配乐素材库。

Free Music Archive：纯粹的配乐素材库。

Audiosocket：纯粹的配乐素材库。

6.6 小　结

本章主要就新媒体运营思路做了相关阐述，并对新媒体内容运营、用户运营、活动运营这三大类型的运营工作内容进行了详细的讲解。最后笔者还分享了运营中常用的软件工具和资料素材资源，以供读者后期参考之用。

新媒体运营一定要理论结合实践，切忌纸上谈兵，多多去实践方能获得更加有效的运营技巧和效果。在做新媒体运营的过程中，运营者要善于打造引爆点，才能产生以小博大的运营作用，但前提是要保证内容优质。我们不仅要注重用户数量的增长，还得更加重视用户的留存和促活，因为这代表着你的新媒体内容具有长期价值。

第7章 新媒体内容变现

笔者在前面的章节中详细讲解了新媒体营销定位、新媒体内容创作和案例拆解、新媒体运营等系列内容，而我们最终的目的则是实现新媒体内容变现，这是大部分新媒体行业从业者的创作动力与价值体现。在本章，笔者就详细地为大家分类讲解实现新媒体内容变现的各种方法途径。

7.1 概 述

新媒体行业目前很火爆，火到每天都有成千上万的人加入这个圈子中来。新媒体火的原因就在于其门槛相对较低，在拥有一定粉丝量之后就很容易变现。一旦你抓住新媒体中的一个风口，就有可能一夜爆红，随之而来的就是源源不断的收益。新媒体给了很多普通人依靠内容变现的创富机会。

随着新媒体这些年的飞速发展，新媒体内容变现的途径也越来越多样化。新媒体变现的思路主要有两个方向：To B（企业方向）和To C（个人用户方向）。如果要进行细分类，则具体分为：

- 广告变现

广告变现是一种很常见的新媒体内容变现方式，它包含流量主、硬广、软广等具体形式。付费方大多为B端企业用户。

- 电商变现

电商带货变现是一种直接有效的新媒体内容变现方式，号主可以给自己带货，也可以给第三方带货赚佣金。它的形式有自营电商带货、给第三方分销带货赚佣金等。自己做电商，付费方就是C端个人用户；给第三方分销，付费方就是B端企业用户。

- 知识变现

知识变现也叫知识付费，其本质是把知识变成产品或服务，以实现商业价值，具体形式包含咨询服务、讲课服务和知识专栏产品等。付费方有B端企业，也有C端个人用户。

- 社群变现

社群变现是私域流量的内容变现主要方式。其具体形式为付费会员制、收费圈子、线下付费社群活动等。付费方一般为C端个人用户。

- IP变现

IP即Intellectual Property（知识产权）的缩写，好的IP是好内容的源头，IP一定伴随着内容产业的火而火，IP变现就是出售知识产权。其具体形式包含出售账号、出售版权、出版图书等。付费方一般为B端企业用户。

以上这些主流的新媒体内容变现途径是大多数新媒体从业者所选择的商业化变现模式。一般而言，新媒体内容变现的价值高低与该账号的粉丝量、内容垂直度、用户价值等因素呈正相关的关系。

7.2 广告变现

做新媒体怎么赚钱，大部分人应该首先想到的是接广告。因为广告相对而言是媒体行业的最常见收入来源方式。只要自己的新媒体账号拥有一定的流量优势，并具有了媒体价值，那么就可以用来承接客户广告，以帮助品牌和产品做影响力推广。需要注意的是，并不是所有的新媒体都适合用广告来变现，如何才能接到广告以及避免用户对广告的反感，这也是我们所需要重点关注的。

7.2.1 哪些类型适合广告变现

每个新媒体创作者都有自己的定位和侧重点，一般具有流量优势或精准人群定位的新媒体账号比较适合通过广告来做内容变现。具体来说，包含以下类型：

- 段子手或者营销号

在微博、微信等平台活跃的段子手或者营销号，主要收入来源于代发广告。例如"我们爱讲冷笑话"发布一条微博大概收取3000元广告费。

- 短视频或直播网红

这里所说的网红主要是指那些活跃在短视频、直播界的网红。他们可以在自己的视频或者直播过程中植入贴片广告。著名短视频网红Papi酱的首条短视频贴片广告就给了美即面膜，广告拍卖价为2000多万元。

- **本地生活类新媒体**

另外一类可以利用广告收入来实现营收的就是本地新媒体，俗称本地号。可以涵盖吃、喝、玩、乐各个方面，其内容主要围绕本地居民生活展开。

- **职场或鸡汤类新媒体**

例如以"Spenser""咪豪""王耳朵先生"这类新媒体号，也非常受广告主欢迎。可以适用多样性的产品，不必受特定领域的限制。

- **小众个人号**

粉丝体量比较小，也就几万，平时兼职运营，但是用户定位很精准，粉丝黏性高。这类小众个人号也很受人欢迎，时不时也会接到广告。

7.2.2　接广告的常见方法

广告不仅仅是头部新媒体大号的专属，一些中腰部新媒体和小众垂直号也是有广告市场的。那么这就涉及如何接广告的方法。

如何接广告，一般有以下几个常见方法：

- **开通流量主和平台广告分成**

微信公众号平台可以开通流量主——微信平台推出的唯一的广告平台，公众账号的运营者自愿将公众号内指定位置分享给广告主进行广告展示，然后按月获得收入。

今日头条可以开通头条广告功能，它是头条号作者将广告位委托给头条号平台代为运营的一种广告分成形式。由头条号平台对用户和广告内容进行智能匹配，实现精准推广，广告收益完全属于创作者。其他平台比如百家号、大鱼号、企鹅号等都提供有广告收益分成的功能，大家可以尝试开通。

- **在自媒体接单平台主动接广告**

可以在微播易、米汇、新榜、星图等专业自媒体接单平台上注册，并做好相关自我介绍。借助这些专业的广告资源整合服务平台，可以实现自助接单。如果本身的影响力足够大，也有可能被广告商邀约。

- **在自己的平台上留下联系方式等待邀约**

在自己的新媒体平台上发布广告合作刊例，包括账号介绍、资源优势、价格、合作方式、联系方式等，等待有意向的广告主主动邀约进行广告合作。

7.2.3 广告变现需要注意的细节

新媒体从业者在对内容进行广告变现时，还需要注意一些接广告的小细节：

（1）尽量去接一些和自己账号内容定位相接近的广告，这样用户的接受度更高。

（2）黑五类广告（药品、医疗器械、丰胸、减肥、增高）不要接，违法广告不要接。

（3）纯广告（硬广）尽量不要接，因为很容易掉粉。

（4）广告费最好能预付并签订合同，如果没有合同，也要采用"定金+尾款"的方式，避免后期回款麻烦。

（5）确定接广告后要尽量帮助广告主多做推广宣传，效果好了，广告主才会继续找你。

（6）广告发布前要和广告主再三确认，以免发布之后出现纠纷。

（7）广告发布后要向广大主提供一些数据报表，帮助其做好广告效果分析，并倾听意见，以待下次改进。

（8）创作者每接一个广告，都需要自己先认可其品牌以及产品，再推荐给粉丝，也要秉承为粉丝负责的态度，对得起粉丝的信任。

（9）尽量用贴片式广告、互动广告、把广告做成内容等方式来降低用户对广告的反感。

7.3 电商变现

电商变现的模式主要来自流量和供应链。电商处在流量和供应链之间，如果你有自己的供应链，则可以直接做电商；当你拥有流量，那么你也可以转化成电商。目前大多数内容电商其本质是做流量，是基于社交网络的流量。

7.3.1 媒体与零售将会趋于融合

过去的零售企业，在企业端生产产品，通过企业搭建或者建立消费渠道，让用户消费它的产品；在媒体端，媒体生产内容，通过媒体的传播渠道，让用户消费内容。这两条渠道之间是互不打通的，唯一的渠道是企业向媒体采购它的内容或通过媒体渠道去影响消费者购买决策，让消费者通过企业的渠道，再去购买企业生产的产品。

而现在的趋势则是企业媒体化。许多用户在互联网上接触到内容，并直接购买企业的产品。同时，有部分企业本身也在不断打造内容，比如杜蕾斯，作为一个产品，它的运营人员则把自己打造成段子手，或许它的产品未必是最好的，但就是因为企业具备打造内容的媒体化能力，它把原本拥有的品牌、产品、服务等方面的优势，转变成了显而易见的竞争优势。

这种形式在淘宝、抖音上同样发展得非常迅速，越来越多的人通过电商直播将商品卖出去，这也体现了消费升级的趋势。传统电商平台是货架式的，所有的商品摆放在上面，明码标价，通过价格来吸引客户。但现如今，新兴主流人群对价格并没有那么敏感，他们更加看重的是价格之外的产品附加值，而这些附加值更多的是需要通过内容的精致包装来体现的。

国外有一个波特女士网站（网址：https://www.net-a-porter.com/cn/zh/），在该网站上，进入到页面后是看不到商品的，所有的网站都是内容，比如明星的街拍、明星的搭配、度假的攻略，而商品则隐藏在内容背后（见图7-1）。10年前，我们做电商的逻辑很简单：所有的产品只要卖得便宜，就有用户来买。那个时候我们根本不敢想象在互联网上可以卖奢侈品，因为这是一种体验经济。但今天这一切已经改变，奢侈品也可以通过互联网来买卖，而且是精心的包装在内容之下。波特女士网站的创始人说过一句前瞻性的话："未来，媒体公司会成为零售商，零售商也会成为媒体公司。"这句话的潜在意义就是，一个企业的媒体化能力越高，它就能够获得更多的竞争优势。

图7-1　波特女士网站截图

7.3.2 电商带货变现的主要模式

电商带货变现主要有两种模式：一种是直接销售产品，另一种是种草传播产品。

其一，直接销售产品这种模式适合电商带货主播，以销售转化为目标。"口红一哥"李佳琦、淘宝带货女王"薇娅"和抖音新晋带货一哥罗永浩，就是最为典型的代表案例。罗永浩在抖音直播带货首秀战绩如图7-2所示。

图7-2　罗永浩在抖音直播带货首秀战绩

这种模式合作计费的方式分为一口价、保底价+CPS和纯CPS这三种。何谓CPS（Cost Per Sales）？简单来说，就是帮助商家销售产品，从而赚取一定的佣金。通常建议用"保底价+CPS"的方式跟主播合作，一方面，可以对上架商品的转化率有所保证，另一方面，也不会有太高的提点要求。

做纯CPS的从业者，我们一般称为"淘客"。它是从最早的淘宝客延伸而来。了解淘宝客的定义，首先要清楚CPS的概念：以实际销售产品数量来计算佣金，单单广告曝光、点击，广告主无须付费。

目前主流的"淘客"平台有：阿里妈妈（网址：https://www.alimama.com）、京东联盟（网址：https://union.jd.com）、今日头条精选联盟等。京东联盟后台收入概览截图如图7-3所示。

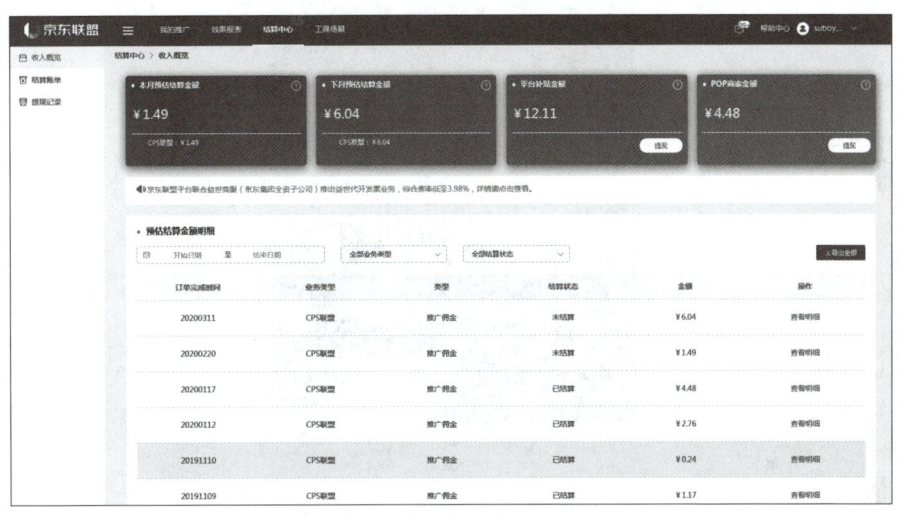

图7-3　京东联盟后台收入概览截图

这些"淘客"平台本质上就是推广联盟，专为店铺商家服务，店铺商家因为需要流量和订单，会将商品和佣金比例放在这些推广联盟平台上，做成类似悬赏任务一样，等待第三方"淘客"来接单。"淘客"再将含有推广信息的二维码或链接植入自己的内容平台上，当粉丝用户下单购买后，即可赚取相应佣金分成。

其二，种草传播产品这种模式比较适合我们常说的KOL（意见领袖）。KOL最大的作用是对商品进行传播和种草。超强种草机小红书上集中了很多种草KOL，例如美妆护肤博主们在讲授或者分享自己的化妆和护肤技巧时，顺势推广产品，从而做到润物细无声。京东App的发现栏与天猫App的种草猫社区截图如图7-4所示。

虽然KOL没有直接带来销量，但当产品的社交媒体讨论量、淘宝的搜索指数、店铺的粉丝量、指定SKU的加购量、收藏量这些指标都增加时，种草传播其实已经完成了间接销售产品的目的。

新媒体营销精华：精准定位+爆款打造+匠心运营+内容变现

图 7-4 京东App的发现栏与天猫App的种草猫社区截图

7.3.3 电商变现需要注意的细节

借助电商带货实现新媒体内容变现，需要注意哪些细节？笔者在此总结了一些核心要点，具体如下：

- 产品好是带货的必要条件

新媒体电商带货的受众大多是这个新媒体号的粉丝，如果给粉丝推荐了产品，粉丝使用后发现产品质量不过关、性价比很低等问题，就会造成严重的粉丝信任危机。所以建议初次尝试电商带货的朋友首先要在严选产品上把关。

- 爆低价是电商带货的常用手段

如今绝大部分主播能带动那么多销量的一个重要手段就是爆低价。对于头部主播而言，

180

商家一般会给予全网最低价,因为头部主播大多具有海量用户,所以自身就拥有了一定的议价权。

● **带货产品要与电商达人的人设相符**

作为电商达人,我们在选择合作商家时,需要注意选择带货的产品要与自己的人设相符。而达人的人设往往与其早年的从业经验有很大的相关性。比如罗永浩在抖音直播的首次带货,就选择以科技数码类的相关商品为主,因为他之前有手机数码产品的研发经验。

● **专业是取得粉丝信任的关键**

一个优秀的带货达人必须要熟练掌握与产品相关的专业知识,这样你在向粉丝种草传播或与粉丝交流沟通的时候才能做到让人信服。尤其是对于电商主播而言,带货就其本质而言就是一个线上"一对多"形式的销售,只要做到简洁有效地讲清楚产品的核心功能和优势,就能很好地取得粉丝的信任感。

● **口才表达是带货主播的必备技能**

电商直播带货相比图文形式的带货,会更加考验带货达人的口头表达能力。做一个带货主播,不仅要做到基本的语言表达通顺,还需要把讲话情感、声调做到活跃具有一定的感染力和节奏感,这样才会让看直播的粉丝知道你在讲什么产品,阐述什么核心功能点,明白有哪些优势,最后粉丝下单就是水到渠成的事情。

7.4　知识变现

知识变现也叫知识付费,它是指一种为满足自我发展需要而购买信息内容和服务的一种互联网经济模式。知识付费更加强调的是自主学习和主动付费。知识付费的过程就是借助互联网平台将碎片化的知识分享给有空闲时间、寻求知识满足的消费个体的过程。

7.4.1　知识付费的兴起原因和价值

据相关数据显示,中国知识付费用户规模呈高速增长态势。2018年,知识付费用户规模达2.92亿人,预计2019年知识付费用户规模将达3.87亿人。随着移动支付技术的发展和整个社会对知识的迫切需求,知识付费市场不断扩大,用户逐渐养成知识付费的消费习惯。2015～2019年中国知识付费用户规模及增长率预计如图7-5所示。

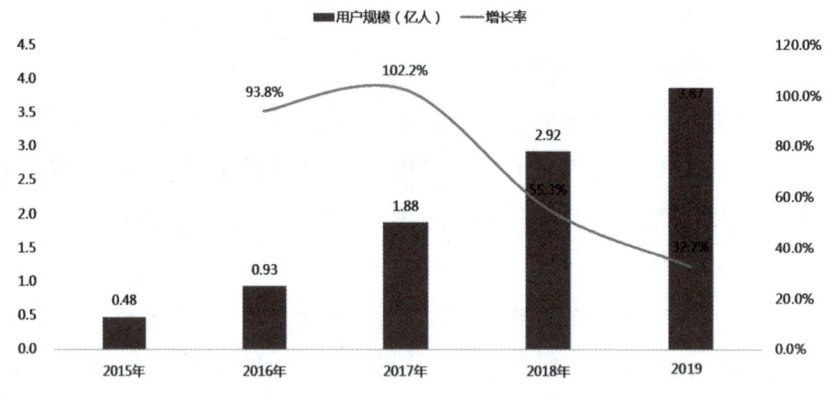

图7-5　2015～2019年中国知识付费用户规模及增长率预计（数据来源：艾媒北极星互联网产品分析系统bjx.iimedia.cn）

知识付费的互联网经济模式在最近几年能快速兴起，有以下**具体原因**：首先，互联网发展产生的信息鸿沟容易引发群体焦虑，从而激发了用户主动学习的求知欲望；其次，新兴移动互联网技术的进步，使知识内容生产者与消费者之间的距离进一步缩短；再次，消费水平和消费能力的提高使用户在小额价值服务的付费意识上有所加强；最后，移动互联网的发展产生了大量碎片化时间，这也为知识消费热潮提供了时间上的必要条件。

正因为这些原因，才使知识付费能在当下的移动互联网经济模式下站稳脚跟。要知道，在10年前，人们几乎是没有这种技术条件和知识付费的意识的。

知识付费的大行其道，自然有着其相应的核心价值。其价值主要体现在：缓解用户知识焦虑、降低用户搜寻的时间成本、让用户获得专业系统化的知识产品等方面。

暂且不论知识付费内容的本身对个体来说是否具有明显作用，但是其蕴含的知识价值理念是不可估量的。知识付费模式在很大程度上促进了知识的流通与传播，引发人们对于知识的尊重以及对于版权意识的不断增强。随着未来产业集聚效应的不断增强，知识付费必将成为经济发展的新业生态和经济增长的新引擎。

7.4.2　知识付费的五大类型

根据知识付费内容形态的不同，我们可以将知识付费大致划分为**粉丝打赏、付费问答、付费讲座、付费专栏、付费线下约见**这五大类型。

粉丝打赏，通常是粉丝自主给喜欢的内容创作者支付打赏红包或虚拟物品，以表示对优质内容的认可。微信公众号、头条号等内容平台均可让用户对作者进行自由打赏。

付费问答，也叫付费咨询，通常是内容生产者基于用户的特定问题进行回答，并由所有查看答案的用户均摊付费，其内容生产门槛较低，知识性弱，用户黏性较差，以图文、语音为主要形式。知识星球、分答、微博问答就是常见的付费问答平台。

付费讲座，是指由内容生产者自选主题进行的单次内容分享。用户在试听的基础上选择是否付费观看，每次分享时长为1小时左右，主要以音频、PPT图文等形式呈现。知乎live、分答小讲、荔枝微课堂、一直播等是付费讲座的常用平台。

付费专栏，是指内容生产者推出中长期的系列课程，通常以月或年为单位进行一次性预付费，这类产品价格最高，用户黏性强，知识内容也更具专业性和更为系统化。头条专栏、知乎专栏、喜马拉雅FM专栏、得到App专栏、简书专栏等都是付费专栏创作者的常用平台。

付费线下约见，这种模式如同滴滴出行这样的中介平台一般，提供的也是一种中介服务。其是将某一领域的专家与对某一领域有困惑的用户连接起来，从而形成知识、技能的共享。混沌研习社、在行等是付费线下约见的常用平台。

7.4.3　知识变现需要注意的细节

尝试做知识变现的新媒体创作者需要注意以下细节：

- **想清楚做知识产品的需求定位**

有些朋友看见知识付费的变现方式很火爆，自己也想进入这个领域分一杯羹，但是大多数人都是浅尝辄止，事先并没有做过相应的深度思考。在做知识付费产品之前，请务必提前调研好用户需求，找准哪些知识是用户迫切需要的，以免做出来的知识产品无人问津。

- **选择合适的工具平台**

创作者要有能力打造内容，同时也要思考如何将内容更方便、更广泛地触达目标用户。就这一点，我们只需要借助一些现有的工具平台，即可轻松实现知识变现，比如知识星球、头条专栏、小鹅通知识店铺软件等。

- **知识内容要专业系统化**

知识付费最终能够达成交易，其关键还是得依靠优质的知识内容。创作者对知识内容的打造要力求做到专业化、系统化，讲解方式要做到深入浅出，让普通的"小白"用户也能很容易学到知识，这样才能形成良好的传播口碑。

● 产品推广要力求产生裂变效果

知识产品属于虚拟产品，很适合在微信、QQ等社交平台进行推广。在做知识产品的推广时，尽量考虑用裂变的方式，如拼团报课享受优惠、分享邀请得红包等形式，这样可以迅速将知识产品在熟人社交圈内传播开来，以产生裂变营销的效果。

7.5 社群变现

社群是给有相同爱好、相同话题，消费能力等都在同一层次的人所提供的一个交流互动场所。社群变现所依赖的是社群经济模式。社群经济是指互联网时代，一群有共同兴趣、认知、价值观的用户在一起互动、交流、协作，并最终产生商业价值。有互动就会有社交，有社交就会有用户市场。社群成员在感情上容易建立信任感，从而产生相关消费。

7.5.1 社群变现的主要类型

社群是构建私域流量的利器，这一点在前面的新媒体运营章节有过详细介绍。社群变现主要有两大类型：付费会员制社群（圈子）和线下活动。

付费会员制社群就是需要支付会员费才能进入的微信群、QQ群、头条圈子等线上圈子。号主通过付费社群的形式来筛选优质粉丝用户成为会员，并重点服务好这些优质用户。

这种类型的社群一般都会提供固定的服务权益，比如免费课程知识文档、定期的知识分享、邀请大咖来线上讲课或解惑答疑，以及赠送各类资料包等。"罗辑思维"早年做过会员制社群，第一期的会员就卖出5500个名额，轻松入账160万元。

就新媒体创作者而言，只要你提供的服务项目实用性强、专业度高，用户就会认可并买单。换言之，付费社群圈子成功的关键在于你提供的服务对用户而言是有价值的。

线下活动主要有线下粉丝聚会、线下粉丝团购、经验干货交流、演讲培训等。线下活动是一种常见的社群交流互动形式，如果是为了营销推广，大多数线下活动会做成免费的活动。如果想借助线下活动来变现，则可以用经验干货交流的内容分享形式，来吸引粉丝付费报名参与活动。同时，线下活动还可以向商家申请赞助费或场地支持，这也是一种收入渠道。

线下粉丝团购活动其实是社群的电商玩法，其形式是群主组织社群成员去线下参与店面团购等促销活动，社群成员享受折扣优惠，群主则得到相应的销售佣金提成。

7.5.2 社群变现需要注意的细节

创作者在做社群变现时，需要重视以下细节：

- 要让社群成员有参与感

社群参与感是指每个群成员在社群里要能积极参与交流互动，避免社群成为群主个人的"一言堂"。有参与感的社群才能让群成员觉得这个社群圈子有融入的价值。

- 社群互动要注意有节奏感

群主要结合用户的作息时间以及话题需要，制定相关的社群互动交流计划，把握互动交流的频率和深度，让社群互动具有一定的节奏感。

- 果断移除社群中的害群之马

人上一百形形色色，入群的群友不可能都是有相同价值观的同类人，这其中的"害群之马"在入群之后的一段时间才会暴露出本性。笔者建议对那些在社群中胡吹乱侃的、时不时唱反调的、只为刷存在感的一些"捣蛋鬼"要果断将其移除社群，因为这些人对社群不会产生任何价值，还会掩盖真正有价值的信息，并导致意见领袖或核心成员离开社群。

- 要积极引导有价值的社群话题

作为群主，要以用户为中心，积极引导社群的群聊话题，多向有价值、有专业度的话题方面展开讨论。不要太刻意地控制社群，多做正面、积极的引导，从而去构建一个和谐、有价值、积极向上的社群环境。这样一来，每一个群成员都会珍惜这个群环境，也就不会轻易退群。

社群变现并不是一件难事，但前提是需要先打造好一个优质社群环境，踏踏实实地做好群友服务，群成员就会对你产生信任，你所推荐的任何一款产品，群成员都会愿意去尝试。同时，群成员还会给你提出一些意见，帮你更好地打磨产品。

7.6 IP变现

IP即Intellectual Property的缩写，是"知识产权"的意思。IP变现在狭义上可理解为出售知识内容版权，广义上可理解为通过影响力来变现。只有内容足够深入人心，并有广泛的用户基础，这样的IP才会有变现价值。

7.6.1 IP变现的四种方式

真正的好的IP，其基础从本质上说是其价值观和文化。如果没有价值观和文化，这个IP就是无源之水,可能是短期的、快速的、一闪而过的IP,没有生命力。

在娱乐圈,拥有个人IP,就是吸金机器;没有个人IP,你几乎在这个圈子混不下去,这是行业的规则。20世纪八九十年代的香港电影,周星驰、周润发和成龙就是票房保证的顶级IP。如今他们都已慢慢退居二线,但他们的IP影响力依然存在。

就新媒体从业者而言,将内容打造到极致,就会形成一个自带流量的IP。一旦拥有IP,实现变现就会非常容易。以下是常见的四种IP变现方式。

● 出版图书,赚版税收入

图书出版的门槛正在降低,当新媒体创作者在线上已收获大量粉丝时,就会产生一批忠实读者。图书出版这种方式比较适合图文类创作者用来做IP变现。比如咪蒙出版的《我喜欢这个功利的世界》,罗振宇出版的《罗辑思维:我懂你的知识焦虑》等。

坚持高质量原创内容的产出,将公众号的历史文章制作成精华内容,就可以尝试通过出版社来出版图书。作者的收入一般会按版税制计算,版税大约在5～10%。假定一本书定价为50元,版税定为8%,那么每卖出一本书,作者就能得到4块钱稿费;卖5000本书,就能得到20000元稿费。

● 出售版权跨界合作

如果将IP出售并改编成影视剧,或者将IP出售给文化产品制造商等,这样所获得的收益也会非常巨大。

比如热门改编剧《三生三世十里桃花》本身就是一部自带流量的IP,其在市场沉淀8年,积累了大量粉丝,原著作者的版权费收入为300万元。

版权还可以借助跨界合作打造文化产品,例如知名新媒体大号"同道大叔"与全棉时代携手推出十二星座纯棉柔巾产品(见图7-6)。

图7-6 "同道大叔"与全棉时代合作携手推出纯棉柔巾产品

据"同道大叔"董事长兼CEO鲁迪透露,"同道大叔"IP已先后与上百家知名品牌进行深度IP跨界合作,合作范围已涵盖食品、快消、服饰、礼品、美护、互联网、金融、出行、酒店、旅游、主题公园等数十个行业的百余家一线品牌。

● 出售股权或账号完成套现获利

将新媒体账号出售也是一种IP变现获利方式。2016年12月8日,美盛文化以2.175亿元收购同道文化72.5的股权,"同道大叔"本人套现1.78亿元。新媒体圈一片哗然,称他是"第一个上岸的自媒体人"。

如果你的新媒体内容账号具有一定量的精准垂直粉丝,那么也可以考虑通过出售账号来实现对IP的套现获利。建议借助一些专业的第三方交易平台来完成账号担保交易,比如鱼爪新媒这样的新媒体账号交易平台,在上面也可以大致评估自己的账号到底能值多少钱。鱼爪新媒官网截图如图7-7所示。

图7-7　鱼爪新媒官网截图

● 粉丝打赏实现影响力变现

当直播达人拥有海量粉丝时,他其实就变成了一个自带流量的IP。达人通过在线直播的形式,会收获粉丝的礼物打赏,从而实现自身影响力的变现。这也是一种非常高效的IP商业化变现手段。例如,罗永浩在抖音的首场直播,粉丝打赏收入就高达360万元,罗永浩抖音首秀直播收入截图如图7-8所示。

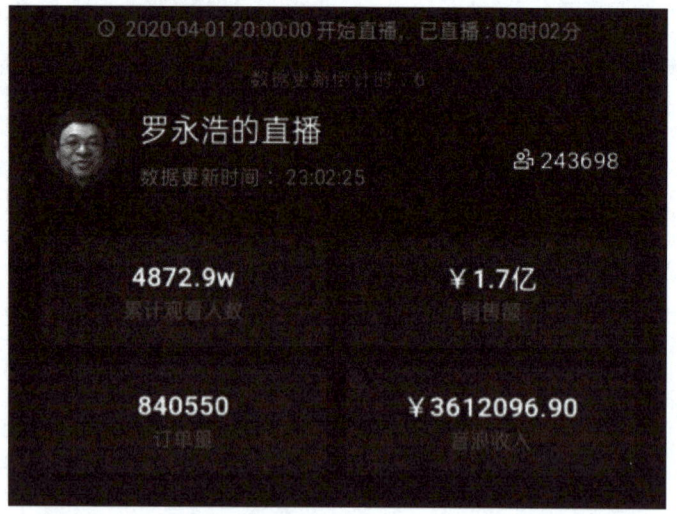

图7-8 罗永浩抖音首秀直播收入截图

在直播平台YY和快手的生态里，打赏是主流模式，且YY变现强于快手。陌陌直播里，打赏变现的效率也强于其短视频的变现效率。打赏者更多的是为了得到与主播的互动感觉，这也就是为什么只有少量网红IP主播才可以收获比较客观的打赏金额，普通达人很难靠打赏实现长久变现。

7.6.2 IP变现需要注意的细节

要想把内容做得高端一点，莫过于孵化出一个IP，然后无论是将IP版权出售，还是做IP延伸拓展产品，都会有一个不错的变现收益。同时，关于IP变现也需要注意一些相关细节。

● 打造核心人格是IP变现的关键所在

在现如今的新媒体领域，商业价值不再归属于渠道或产品，而是直接归属于人格。拥有人格化的IP，方可获得更大的商业价值。

● IP人格化需要让内容有个性

要想实现IP人格化需要形成一定的区分，就需要首先找准自我定位，不断挖掘个人IP的差异化优势，还需要在内容中注入有用、有趣、有料的思想，并迅速成为细分领域的意见领袖。

● 用户规模小、无持续生命力是IP变现的绊脚石

用户规模小，比如只有不到10万的粉丝数，最多只能算得上是一个KOL（意见领袖）或KOC（关键意见消费者），还无法称为IP。无持续生命力是指IP内容出现中途断更，没有新鲜、

有价值的内容输出，那么IP就不再是一个有活力的IP，也可能就此沦落为一个过气IP，所以这也是IP变现的一大绊脚石。

7.7 小　结

本章内容主要就新媒体内容变现的主要途径进行了分门别类的梳理。笔者总结了广告变现、电商变现、知识变现、社群变现和IP变现这五大主要变现途径，同时就内容变现的相关注意细节予以提醒，希望能为正在进行内容变现的新媒体从业者提供一些对比参考。

总结了这么多内容变现的方式，其实实现变现最重要的因素还是变现的基础，也就是打造新媒体的优质内容。即使在现如今新媒体行业已进入红海竞争的下半场，优质的内容依然是稀缺的、有价值的。本书所呈现的有关新媒体营销、创作、运营和变现这一系列的完整的知识内容，希望能给予读者一些有价值的参考和思路。期待下一个新媒体达人就是你。

编辑有话说：

更多图书内容请关注知乎以及抖音账号：发掘。

作者品牌：

信真科技，信守真品！致力于成为"讲信用、守真品"的互联网营销及软件服务供应商

未完待续……